WOMAN WITHOUT EDEN
(Mujer Sin Edén)

COLECCION ALACRAN AZUL

EDICIONES UNIVERSAL. Miami, Florida, 1986

CARMEN CONDE

WOMAN WITHOUT EDEN
(Mujer Sin Edén)

Translated by:

José R. de Armas
Professor of Spanish
Denison University

Alexis Levitin
Professor of English
State University College
of New York, Plattsburgh

P.O. Box 450353 (Shenandoah Station)
Miami, Florida, 33145, U.S.A.

Translation Copyright © 1986 by Alexis Levitin and José R. de Armas
ISBN: 0-89729-375-4
Library of Congress Catalog Card Number: 85-80641

A Titina de Rojas y Amanda Junquera
de Alcázar, dos lujos de la Naturaleza
    José R. de Armas
And to our mothers
    Alexis Levitin
    José R. de Armas

«Oh, dinos Carmen, si la niña ha crecido»
Vicente Aleixandre

Translated from *Obra Poética, 1929-1966,* Carmen Conde, Biblioteca Nueva, Madrid, 1967, pp. 373-428.

TABLE OF CONTENTS

I.— Translator's Introduction 15
II.— Preface: 17
    Letter of Vicente Aleixandre to Carmen Conde 18
    Open Letter to Carmen Conde by Concha Zardoya 28

FIRST CANTO

Arrojada del Jardín con el Hombre 36
Cast out of the Garden with the Man 37

Nostalgia del Hombre 44
The Man's Nostalgia 45

Respuesta de la Mujer 48
The Woman's Answer 49

SECOND CANTO

Primera Noche en la Tierra 54
First Night on Earth 55

Evocación de las Palabras de Dios 58
Evoking God's Words 59

Cumpliendo el Trabajo 62
Getting the Job Done 63

La Primera Recolección 64
The First Harvest 65

La Primera Flor 68
The First Flower 69

Sequía 72
Drought 73

Huracán 74
Hurricane 75

Nostalgia de Mujer 76
The Woman's Nostalgia 77

Canto al Hijo Primero 78
Song for the Firstborn Son 79

Habla de sus Hijos a Dios 82
She Talks to God of Her Son 83

Llanto por Abel 88
Lament for Abel 89

Lamento por la Maldición de Dios a Caín 90
Lamenting God's Curse on Cain 91

La Mujer Sueña con el Edén 94
The Woman Dreams of Eden 95

Visión de los Angeles 99
Vision of Angels 100

Delante de la Tierra Labrada 102
Facing the Worked Land 103

THIRD CANTO

Diluvio 109
Deluge 110

Junto al Mar 114
Beside the Sea 115

Imprecación a la Vejez 118
A Curse on Old Age 119

La Mujer No Comprende 122
The Woman Does Not Understand 123

FOURTH CANTO

Inquietud 128
Restlessness 129

Presentimiento 130
Premonition 131

Voz de la Vieja Eva al Sentirse en María 132
Voice of the Old Eve in Mary 133

La Mujer Divinizada 134
The Exalted Woman 135

Ya a los Pies de Jesús 136
At the Feet of Jesus 137

El Dolor de María por su Hijo 138
The Suffering of Mary Through Her Son 139

Recordando a Jesús 140
Remembering Jesus 141

Presencia del Alma 144
Presence of the Soul 145

Plegaria 150
Prayer 151

Horror a la Bestia 154
Horror of the Beast 155

Contemplación 156
Contemplation 157

Visión 160
Vision 161

FIFTH CANTO

Meditando la Mujer Ahora 164
Now the Woman Meditates 165

Súplica Final de la Mujer 170
The Woman's Final Supplication 171

ACKNOWLEDGMENTS

We wish to thank Denison University Research Fund for its generous contribution to the publication of this book. We would also like to thank Professor John N. Miller of the Department of English, Denison University, for his patient review of earlier stages of our translation. His helpful suggestions and general encouragement were of great importance. Last but not least, we would like to thank Professor Gina Sconza of the Department of Spanish and Portuguese, University of Texas at Austin, for her highly diligent reading of the final manuscript. The care and enthusiasm she brought to her analysis left their mark on almost every page of the final translation.

TRANSLATORS' INTRODUCTION

We are happy to introduce to the English-speaking public a literary figure whom the Hispanic world has had the pleasure of reading for many years: the distinguished Spanish writer Carmen Conde.

Not since Santa Teresa de Avila and Gertrudis Gomez de Avellaneda has a Spanish woman poet shown the vitality, faith, sincerity and courage that characterize the work of Carmen Conde. Her sharply honest confrontation with the nature of woman and woman's ambivalent relationship to God, man, and offspring which began with *Brocal*, 1929, continues unabated throughout her lyric poetry. And always it is marked by her constant courage as she faces the society in which she has had to live.

Woman Without Eden, 1947, springs from the need of the poet to cast the light of her female vision on the enigmatic role of women in the Bible. Critical analysis of this book is already literary history.

With this translation of *Woman Without Eden*, we hope to add a dimension to the international praise accorded this outstanding poet.

Granville, Ohio
Plattsburgh, New York

Carta inédita hasta 1982, del Premio Nobel VICENTE ALEIXANDRE, de la REAL ACADEMIA ESPAÑOLA DE LA LENGUA. No pudo ser publicada en 1947 por la censura de un Director General de la Prensa española.

A letter unpublished until 1982, by Nobel Prize winner Vicente Aleixandre, member of the Royal Academy of the Spanish Language. It could not be published in 1947 due to censorship by a General Director of the Spanish Press. (Carmen Conde)

Madrid, 12 diciembre 1947.

Querida Carmen: recordando mi impresión de tu libro *Mujer sin Edén* cuando deseaste que lo viese en su manuscrito, quisiera, hoy, para tu intimidad, como recuerdo de aquellos días, conservar en algunas líneas, mi impresión de conjunto de entonces, lo que, con los primeros ojos limpios, ví de su unidad cuando lo tuve entre las manos.

Un poco resulta también esto, por breve que sea, como memoria de aquellos meses en que sucesivamente lo fuiste escribiendo, cuando todavía, con Amanda y Cayetano, vivías en Velintonia, cerca de mí, cara también a la Sierra y al puro cielo, que es como decir a la natural verdad y a la perpetua luz que no desfallece.

Era en 1945. Un alto verano. ¿Cómo veo tu libro? Un libro áspero y amantísimo. Imprecatorio y suplicante. Un libro que es un reproche a la divinidad y una total abdicación sometida.

Mujer sin Edén. Del bloque del Génesis has partido. Eva ha sido arrojada del Paraíso. Sufre, vive, ama, da hijos. En realidad no muere. Eva es la primera mujer, y es la Mujer intemporal. Eva sucesiva de las generaciones.

Para ti, con valiente, con patética interpretación del Génesis, jamás Dios amó a la Mujer. A diferencia del hombre, Eva no fue creada directamente de la pura materia primaria. Entra ella y Dios una dependiente materia, local, la costilla de un hombre, se interpuso en la creación subordinada.

Con amargo reproche lo dices, en boca de Eva:

No soy yo substancia de Dios pura;
hízome Él del hombre.

Madrid, December 12, 1947
Dear Carmen:

    Trying to recall my sense of your book *Woman Without Eden* when you first asked me to look at it in manuscript form, I would like now, as a memorial to those days, to record, just for you, in a few lines, my overall impression of that time when, clear-eyed and fresh, I saw its wholeness as I held it in my hands.
    This is also, brief as it may be, a memoir of those months during which you were writing it, while you were still living with Amanda and Cayetano in Velintonia, close to me, facing the Sierra and the pure sky, that is to say natural truth and the eternal light that never fades.
    It was 1945. High summer. How do I see your book? A rough, a lovely book. Accusatory and suppliant. A book that is a reproach to the divinity and an utter submission and renunciation.
    Woman Without Eden. From the block of Genesis you take your departure. Eve has been cast out of Paradise. She suffers, lives, loves, produces offspring. In reality, she doesn't die. Eve is the first woman, and she is the Timeless Woman. Eve of all the ages.
    For you, with your brave, your moving interpretation of Genesis, God never loved the Woman. Unlike the man, Eve was not created directly from pure, primary matter. Between her and God, subordinate matter, something limited, the man's rib, intervenes.
    In bitter reproach, you say, through Eve's lips:

> I am not pure substance of God;
> From man He made me.

Pero hay más, y esto es muy hondo y revela lo que yo creo es el sentido del libro completo. Dios no ama a la Mujer porque quiso al hombre para sí entero y la Mujer —Naturaleza— le distrajo de su adoración única. Hay como un truncamiento —hondísimo símbolo— del destino en este sobrecogedor encelamiento que decidió la condición humana. La Mujer fué maldita y nunca será perdonada. En el Edén ya lloró después del pecado, con reproche al Dios de la misteriosa cólera:

¿Por qué te sorprendió que le buscara,
por qué tuviste celos de mi lucha
por ir de nuevo a él?

Por ir a él, unirse de nuevo a él, puesto que de él, de su carne, la había sacado.

Esta concepción tiene tal transcendencia que subvierte, conservando el dato, todo el sentido de la culpa.

¿Existe culpa? ¿Dónde está el pecado original? Si la Mujer, en el Edén, yendo al hombre, uniéndose en carne con él, cumplía su destino, no era culpable. Toda ella seguía brillando con inocencia. Era el amor, y después del amor todos los seres de la Naturaleza son inocentes.

También yo fui cual ellos inocente.
Después de amarle a él seguía siéndolo.

Terrible y hermosa confesión. A diferencia del Génesis, la Mujer y el Hombre no se avergonzaron de su desnudo. Siguieron inocentes. Un incognoscible destino se ha alzado: Dios arroja a la Mujer y al Hombre del Paraíso. Pero van sin conciencia de culpa, sólo con el infinito dolor de haber desagradado. Una mirada de estupor, de no reproche, de confusión, de pena, parece perpetuarse a través de las generaciones. El Hombre no comprende.

Pero aquí la Mujer comprende. Dios no la ha perdonado. Es a ella a quien en realidad Dios no perdona porque nunca la amó. Eva ama a Dios con abdicación y le dice con humildísimo reproche:

But there is something else, and it is very deep and reveals what I believe to be the overall meaning of the book. God does not love the Woman because He wanted the man all to Himself, and the Woman —Nature— diverted the man from his undivided adoration. There is a kind of curtailment —deeply symbolic— of fate in the astonishing jealousy that determined the human condition. The Woman was damned and she will never be forgiven.

In Eden, she was already crying out after the initial sin, reproaching the God of mysterious Wrath:

> Why were you surprised I looked for him?
> Why were you jealous of my struggle
> to go back to him again?

To go to him, to unite herself again with him, because it was from him, from his flesh, that she had been drawn forth.

This idea is of such transcendent importance that it subverts, while following the basic story, the whole meaning of original sin.

Are we guilty? Wherein lies the original sin? If the Woman, in Eden, going to the man, uniting herself in the flesh with him, fulfilled her destiny, then she was not guilty. She continued to shine with innocence. It was love, and once there is love all beings in Nature are innocent.

> Like them, I, too, was innocent;
> after loving him I still was so.

Terrible and beautiful confession. In contrast to Genesis, here the Woman and the Man are not ashamed of their nakedness. They remain innocent. An unforeseeable destiny, however, arises: God casts forth the Woman and the Man from Paradise. But they depart without a sense of guilt, only with the infinite pain of having given displeasure. A look of shock, not of reproach, but of confusion, of sorrow, seems to be passed on from generation to generation. The Man does not understand.

But here the Woman does understand. God has not forgiven her. It is she whom, in reality, God does not forgive because He never loved her. Eve loves God with self-renunciation and she says to Him, in a tone of most humble reproach:

¿Por qué te sorprendió que le buscara,
por qué tuviste celos de mi lucha
para llegar a él?

Sólo Eva, en el Edén, entreví la verdad. Y ante su agobiante destino pide a Jehová su aniquilación para que el Hombre corresponda al único amor de la Divinidad:

Vuélveme a la Nada, Tú, Señor,
devuélveme a la Nada,
y haz que el hombre se refleje absorto
en su extática admiración sin lucha.

Sin lucha, con idóneo amor.

Esta concepción de subvertidora grandeza (no existe la culpa; pecar fué inocentemente desagradar a Dios) se transmite con dolor en el fluir de las generaciones. Eva, la Mujer, pervive en ellas, siempre misma, jamás perdonada porque jamás querida. En el Poema, aludidamente, Eva es las hijas de Lot, es Sarah, es Agar. Es, al fin, María.

Visión llena de majestad dolorosa que hace una voz única, voz de la antigua Eva, voz de la intemporal mitad de la especie, que aquí con total ambición unitaria por este libro se expresa.

Por todas partes Eva, sometida a su destino, alza, sin embargo, a través de las edades, el primitivo casi dulce reproche. Como mujer de Lot se contempla, y viendo allí una nueva prueba de su perpetua condena, doloridamente exclama:

Nunca admites, oh Dios, que yo quiera saber.

En la vida de la humanidad adviene una hora suprema. En María, la vieja Eva parece al fin perdonada:

Yo, la Elegida.
Jehová me perdonó...
Pariéndole a su Hijo: el Preferido.

Pero no. El divino castigo a Eva se prolonga. María, encarnación todavía de la Mujer, verá morir a su excelso Hijo— En nombre del sufrimiento sin redención, Eva ancestral exclama:

Why were You surprised I looked for him?
Why were You jealous of my struggle
to go back to him?

Only Eve, in Eden, suspects the truth. And in the face of her overwhelming fate, she asks Jehovah for annihilation, so that the Man may remain as Divinity's only love:

Turn me into Nothingness, oh Lord!
Return me to the Void.
Let man reflect You, man entranced,
in ecstasy, in easy admiration.

Easy, an ideal love.

This concept of a subversive grandeur (there is no guilt; to sin was to displease God innocently) is transmitted in the painful flow of the generations. Eve, the Woman, lives forever in them, always the same, never forgiven because she has never been loved. In this poem, Eve is presented as the daughters of Lot, as Sarah, as Hagar. And in the end she is Mary.

It is a vision full of painful majesty creating a unique voice, the voice of the old Eve, the voice of the timeless half of our species, that here, with single-minded intent, is expressed through this book.

Everywhere, Eve, submissive to her fate, raises, nonetheless, through the ages, a primitive, almost sweet reproach. As Lot's wife she contemplates herself, and, seeing in herself a new proof of her perpetual condemnation, painfully exclaims: «You never admit, oh Lord, I still want to know!».

Then comes a supreme moment in the life of humankind. In Mary, the old Eve seems finally to be forgiven:

I, the Chosen One.
Jehovah has forgiven me...
delivering the Favored One, his Son.

But no, the divine punishment of Eve goes on. Mary, still the incarnation of Woman, will witness the death of her Exalted Son — In the name of suffering without redemption, the ancestral Eve exclaims:

Pero María jamás pecó. ¿Por qué la eligeso tu sufridora? Es siempre Eva. No hay redención del dolor. Caín, ¿por qué fué desamado por Dios? Sólo porque engendrado en el Edén. No podía ser acepto. Eva, en una canción, que a mí me parece uno de los más intensos poemas del libro, le canta con ojos de espanto. Es el terror de la ciega cólera divina.

> . . . .
> Aunque yo lo quiera
> no puedes dormir.
> No duermas, escucha.
> No duermas, acecha.
> Silbarán las aves
> entre ramas ebrias
> para hacerte leve
> esta oscura tierra.
> Escúchame, hijo:
> no duermas, no duermas.
> Por todos los siglos,
> no duermas,
>   no duermas.

Pero el incansable amor de la Mujer a Dios persevera a través de las vidas sin fin. Perpetuamente desterrada, ella quiere ser de Dios que no la ama.

> ¡Quién pudiera soñar hasta crear la escala
> que enlazara contigo, Tú él señor de mi sueño!
> . . . .
> Y te llamo callada por las enormes fuentes
> de tu garganta abierta en mi pecho sin jugo.

¿Qué significa perdonar? Perdonar es redimir del dolor. Ni Dios ha perdonado nunca a la Mujer, ni ésta se ha cansado de amarle desde su condenación.

.... But Mary
never sinned, Oh Lord. Why is it You choose her
as sufferer...

It is always Eve. There is no redemption from pain. And Cain, why was he unloved by God? Merely because he was conceived in Eden. He could not be accepted. Eve, in a song that seems to me one of the most intense poems of the book, sings to him, with terrified eyes. It is terror in the face of blind, divine wrath:

> Though I wish you could,
> you cannot sleep!
>
> Do not sleep, you must listen.
> Do not sleep, you must watch.
> Birds will sing
> on drunken boughs
>
> to lighten this
> dark land for you.
> Listen, my son:
> do not sleep, do not sleep.
>
> Forever and ever,
> do not sleep,
>   do not sleep!

But the indefatigable love of the Woman for God perseveres through lives without end. Eternally exiled, she wants to be of God, Who does not love her:

> Who could so dream as to create the ladder
> which would link me to You, Lord of my dreams!
> ....
> And silent, I call You, with the great fountains
> of Your open throat in my juiceless breast.

What is the meaning of forgiveness? Forgiveness is redemption from pain. However, God has never forgiven the Woman, while the Woman, from the moment of her condemnation, has never tired of loving Him.

Al final del Poema es la Eva vivida ya en todas las mujeres la que habla, la que pide, con la pesadumbre de la raza. Rodeada de todos los muertos, de todos los condenados de Dios, los buenos, los malos, los claros, los sombríos, los aceptos y los rechazados, madre de todos, amorosa de todos («madre de los que mueren; de los que matan, madre»), habla a Dios en súplica final. Pide descansar definitivamente, cesar por último. Ella, con cuerpo y miembros seculares, está pidiendo el fin de la vida humana. No dar más hijos a la ciega vida.

¡En nada te ofendieron sino en nacer!

Se lo dice a Dios:

Porque al fin perdonaras, porque al fin olvidaras...

¿No se escucha aquí el llanto de la humanidad no redimida, en toda la mitad de la especie?

En esta sinfonía conjunta de tu libro son muchas las cosas, los temas que concurren al Tema único. Hay la primera pareja de la vida en la tierra, la rosa primera, la primera espiga, la nostalgia del Paraíso, la sequía, Eva repetida en la sucesión de la vida, Cristo hijo de la Mujer, un amontoniamiento de esperanzas y sufrimientos intactos desde la primera madre que es también la última. Hay el llanto de la primera mujer fresco en los ojos de la postrera. Y hay otras cosas. Y todo ello visto como una visión orgánica, con coherencia total de poema, misteriosamente revelador de causa y fin, de origen y destino, que hace de esta voz la verdadera voz del vate.

Sí: he ahí a la Mujer. Una mujer la expresa. Al cerrarse este libro se entrevé una figura gigantesca de antigua profetisa. Tiene algo de bulto miguelangelesco. Vieja, viejísima, sentada, como una montaña se levanta sobre el perfil del horizonte y su voz resuena sobre la muralla de los siglos. Y es un inmenso quejido lo que se oye.

Y lo que sobrecoge es sentir que es una mujer concreta, de hoy, la que inspiradamente ha puesto su voz —también tú Eva, también en ti perpetuamente rediviva— en el lamento que por primera vez valerosamente se escucha.

Aquí tienes, querida Carmen, como recuerdo, algo de lo que vi y sentí cuando, recién nacido el libro, lo tuvo palpitante entre las manos, en 1945, tu amigo.

Vicente.

At the end of the poem, it is the Eve that has already lived in all women who speaks, who begs, with the grief of her race. Surrounded by all the dead, by all those condemned by God, the good, the bad, the bright, the dark, the accepted and the rejected, mother of all, loving all (I am mother of the dead. Mother, too, of those who kill), she speaks to God in final supplication. She asks for ultimate rest, to cease forever. She, with ancient body and limbs, begs for an end to human life. To surrender no more children to blind life!

They offended You in nothing but in being born!

She goes on to say to God:

That You might forgive, that You might, in the end, forget.

Aren't we listening here to the weeping of unredeemed humanity, in an entire half of the species?

In this unified symphony of your book, there are so many things, so many themes, that contribute to the main theme. Here are the first couple of life on earth, the first rose, the first ear of grain, the nostalgia for Paradise, drought, Eve repeated in life's generations, Christ, Son of the Woman, an accumulation of hopes and sufferings still intact from the first mother, who is also the last. There are the tears of the first woman fresh in the eyes of the last one. And there are other things. And it is everything seen as an organic vision, thanks to the total cohesion of the poem, mysteriously revealing cause and effect, origin and destiny, that makes of this voice the real voice of a poet-seer.

Yes, here is the Woman. And a woman gives voice to her. At the end of the book, the gigantic figure of an ancient prophetess takes shape. It has something of the bulk of a Michelangelo. Old, very old, seated like a mountain, she rises above the horizon and her voice resounds over the walls of the centuries. And it is a profound lament that is heard.

And the overwhelming thing is that one feels that she is an actual woman, a woman of today who, inspired, has provided her voice —and that she is you, as well, Eve, you perpetually restored— in the cry that for the first time bravely makes itself heard.

Here you have, dear Carmen, as a token, something of what I saw and felt when, newly born, I held your book throbbing in my hands in 1945. Your friend,

Vicent.

CARTA ABIERTA A CARMEN CONDE

Me ha llegado tu libro en días de desvalimiento espiritual, de depresión física. He tardado por esta razón, en abrirlo: me sentía fuera de mí o como un alma estéril, incapaz de recibir el agua o la luz de la poesía. Y yo quería oir plenamente tu voz horadadora. Al fin, en una mañana de serenidad, conseguida a fuerza de lucha, he abierto tu libro y me he entregado a él mansamente.

¿Mansamente? ¡Oh, Dios! Si tus poemas traspasan, queman, exaltan, encolerizan, destruyen..... La mansedumbre inicial se resuelve en un estado que casi raya en la violencia: el espíritu alcanza una especie de frenesí, de trepidante electricidad, de febril temblor. Y por él cruzan rayos, relámpagos, huracanes, dolor, muerte y vida estremecedoras. No hay poema de hombre que pueda hablar así a las mujeres. No hay poeta capaz de revelar al mundo —y a nosotras más que a nadie el dolor de Eva —la mujer símbolo— desde los días de la creación hasta los tiempos actuales. Toda la historia humana, toda la trágica biografía de la mujer, están en tu libro. Ninguna novela existe, ningún ensayo filósofico o moral, ni obra de otro tipo que haya conseguido expresar así la tragedia de la mujer cósmica, con tal poderío y heridora vivacidad, con tan profunda y hermosa clarividencia.

Ignoro qué pensarán los hombres ante este libro capital. Sé, sin embargo, que han de considerarlo como un libro «esencialmente nuestro.» Tu «Mujer sin Edén»[1] no es un libro feminista, combativo, no; es un libro de la Mujer, nuestro libro. Ellos, seguramente, han de sentirse como comtempladores de nuestra tragedia; nosotras, por el contrario, nos sentimos vivas en tu libro, expresadas en cuerpo y alma, desde nuestro remoto origen hasta nuestro propio ser individual. No, ellos no pueden comprender, sentir tu libro como nosotras, porque no son carne, sangre y espíritu de él, materia misma de tus cinco cantos. Nosotros somos aquí sustancia poética no exterior Inspiración. No somos motivo en torno al cual gira el libro, sino el libro mismo, su más íntima esencia, su razón de ser. Todo él es la Mujer y su tragedia humana. Eres tú misma, —por ser mujer— el libro entero: biografía tuya que asciende hasta los brazos de Dios, Origen de todo; biografía de todas y de cada una de las mujeres que aun vendrán detrás de nosotras.

OPEN LETTER TO CARMEN CONDE

Your book reached me during a period of spiritual emptiness and physical depression. That is why I delayed opening it: I felt that I was not myself, that I was like a barren soul, unable to receive the water or the light of poetry. And I wished to hear your penetrating voice in all its fullness. Finally, on a morning of peacefulness attained through a struggle, I opened your book and calmly gave myself to it.

Calmly? My God! Your poems pierce, burn, exalt, enrage, destroy...... The initial calmness turns to a state bordering on violence: the spirit enters into a sort of frenzy, a sort of charged quivering, a feverish tremor. And through it all pass terrifying lightning and thunderbolts, hurricanes, agony, life and death. No poem by a man could talk to a woman so. No male poet could reveal to the world —even less to us women— the suffering of Eve, the woman-symbol, from the days of creation to the very present. All of human history, all the tragic biography of woman is in your book. There is no novel, no philosophical or moral essay, nor work of any kind that has managed to express in such a way the tragedy of the cosmic woman, with such power and searing vivacity, with such profound and beautiful clear-sightedness.

I do not know what men will think of this extraordinary book. I know, however, that they will have to consider it a book «essentially ours.» Your *Woman Without Eden*[1] is not a feminist, combative book; it is a Woman's book, it is our book. They, doubtless, must feel themselves observers of our tragedy; we, on the contrary, feel alive in your book, represented body and soul, from our remotest origin to our own individual selves. No, they cannot understand, they cannot feel your book as we do, for they are not of its blood, flesh, and spirit, the very stuff of your five cantos. But here, we are the poetic substance itself, not merely external Inspiration. We are not a subject around which the book revolves, but rather the book itself, its most intimate essence, its reason for being. The entire book is Woman and her human tragedy. And you yourself, being a woman, the entire book is you: your biography that ascends to the arms of God, the Origin of everything; the biography of all of us, and of every single woman who comes after us.

Pero también los hombres se hallarán —¿cómo no?— en Adán, en Caín, en Abel y hasta en Jesús... He aquí el valor universal de tu libro, dolorida historia, cósmica biografía del género humano, en constante batalla con el mundo. Parecerá una herejía, pero yo, sin reparo alguno, me atrevería a añadir tu libro a los muchos de la Biblia, síntesis el tuyo, en cierta manera, del Antiguo y Nuevo Testamento. Por su tono, no desdice del «Libro de Job,» del «Eclesiastés.» Hay algo de profético en él, una intención religiosa o casi religiosa.

¡Ah! Y la palabra de tu verso es viva, pura, exacta. Ni un adorno, ni una concesión al afeite lírico. Palabra calcinada en su pureza y castidad, palabra que duele, palabra íntegra, virtual, esencial. ¡Qué lejos desde este libro, la forma por la forma, la lírica divagación! Nada sobra aquí: la palabra sirve al verso y el verso a la idea, en plena desnudez. El verso es alma y carne, nada más. No es ropaje ni siquiera piel.

¿Cuántas veces se ha dado esto, me pregunto, en la lírica de los hombres? Acaso Whitman, únicamente, escribió versos con tal pureza en la expresión. El ascetismo expresivo es uno de los caracteres mas acusados de tu «Mujer sin Edén,» libro enraizado en la propia carne y en la entraña del alma, libro humano y místico. Sus versos nacen del espíritu de la Mujer y tocan el misterio de Dios, alzándose a los cielos.

Cada poema merecería un comentario, créeme. Pero hoy me siento incapaz de hurgar en la anatomía poética, de palpar visceras, nervios, venas. Me contenta el caliente corazón que respira en todo el libro, en cada verso, en cada palabra, en las grandes odas y en las conmovedoras canciones de Caín y Abel.

Los Cantos del libro caen sobre el alma como torrente o como fuego, como lava dolorida, como patética queja inextinguible de todas las mujeres, llorando por el destino que Dios les dió. La imprecación no excluye la ternura: así hay versos que avientan las lágrimas con su dulzura: «Hágase el Hijo aquí.»

Que vengan a tu libro las mujeres para conocerse y reconocerse en él. Qué vengan también los hombres para comprender a la esposa, a la madre y a la hermana.

Concha Zardoya
Madrid

But men will also find themselves, of course, in Adam, Cain, Abel, even Jesus. Herein lies the universal value of your book, this painful history, this cosmic biography of humankind in constant battle with the world. It may seem heresy, but I, without the least misgiving would dare to include your book among the many others of the Bible, yours, a synthesis, in a way, of the Old and New Testaments. In tone, it is not unlike «The Book of Job» or «Ecclesiastes.» There is something prophetic in it, a religious or semi-religious force.

Ah, and the language of your verse is living, pure, precise. No adornments, no concession to lyrical effects. Words calcined in their purity and chastity, words that hurt, that are whole, essential, real. How far from this book is art for art's sake, the world of lyrical digression! No excess here: the word serves the poem and the poem serves the idea, in utter nakedness. The poem is soul and flesh, nothing more. It isn't clothing or even skin. How often has this occurred, I ask myself, in the lyrics of men? Perhaps Whitman alone wrote poems with such purity of expression. Ascetic expression is one of the most marked characteristics of your *Woman Without Eden*, a book rooted in the flesh itself and in the very depths of the soul, a book both human and mystical. Its poems are born from the spirit of Woman and touch the mystery of God, reaching into heaven.

Each poem deserves a commentary, believe me. But today I feel incapable of entering the anatomy of poetry, of fingering viscera, nerves, veins. I rest content with the warm heart that breathes throughout the book, in every verse, in every word, in the great odes and in the moving songs to Cain and Abel.

The book's Cantos fall upon the soul like a torrent or like fire, like burning lava, like the pathetic, inextinguishable lament of all women weeping at the destiny God has given them. Yet a curse does not exclude all tenderness: thus there are lines that call forth tears with their loveliness: «A Son is given unto you.»

May women come to your book to know and recognize themselves in it. May men come too, that they may understand their wives, their mothers, and their sisters.

Concha Zardoya
Madrid, 1947

NOTA

1. Carmen Conde, «Mujer sin Edén,» Poema, Madrid, 1948.

La Carta Abierta a Carmen Conde fue publicada en El Progreso, Diario de Lugo el Viernes, 5 de Diciembre de 1947.

NOTE

1. Carmen Conde, *Mujer sin Edén,* Poema, Madrid, 1947.

An «Open Letter to Carmen Conde» was published in *El Progreso*, The Lugo daily, Friday, December 5, 1947.

Some of these translations have appeared previously in the following magazines and are reprinted with the kind permission of their editors: *Alembic, Anglican Theological Review, Before the Rapture, Confrontation, International Poetry Quarterly, Lips, The Literary Review, Poetry NOW, Prairie Schooner, Queen, Webster Review, Wellspring.*

CANTO PRIMERO

FIRST CANTO

ARROJADA DEL JARDIN CON EL HOMBRE

La rama de lumbre de la espada
segó los tallos de todas las hierbas.
Me empujó violenta y fúlgida,
precipitándome del Jardín Edénico.
Vino Adán por mí al gran destierro,
mas sin llorar... ¡Yo sí lloraba!
¿Quién era de nosotros el culpable:
la bestia que indujo a mi inocencia;
Aquél que me sacó sin ser yo nadie
del cuerpo que busqué, mi patria única?
No soy yo sustancia de Dios pura.
Hízome El del hombre con su carne,
y allí quise volver: hincarme dentro.

¡Cómo crepitaba el bosque! Infatigable el Angel
cortaba con un rayo flecoso de pavesas
ampollas de las flores,
las ánforas de aves que albergaban
un éxtasis sin gozo, terminándolo.

Bramaron ya por mí hasta los árboles,
y el pasmo que yo di corrió ondulando;
volcándose a unos cuerpos, de otros cuerpos.

Cast out of the Garden with the Man

The sword's flaming branch
slashed the stems of all the grasses.
Violent and gleaming, it pushed me out,
casting me down from the Edenic Garden.
Adam came because of me to this great banishment,
but did not weep. I, however, wept.
Who among us was the guilty one:
the beast who played upon my innocence;
the One who took me in my nothingness
out of the body I have sought, my only fatherland?
I am not pure substance of God.
From man He made me, of his very flesh,
and there I wanted to return: to thrust my way back in.

How the forest crackled! Tireless, the Angel
severed with a spark-fringed bolt
blisters from flowers,
birds' amphoras sheltering
joyless ecstasy, destroying it.

Even the trees howled for me,
and the astonishment I felt ran undulating on,
flooding from body to body.

La bestia sonrió; yo vi su risa
vestir mi desnudez nunca desnuda.
La voz decía: «Vete.
Los dos idos de Mí. Vuestro pecado
irá de uno a otra hasta que un día
estéis secos los dos en vuestros hijos.
La tierra os cubrirá. ¡Buscad la aurora,
pariendo con dolor tú, la despierta
del hombre sin malicia!»
Resbalaba
viniéndose conmigo la serpiente.
Espíritus de fuego el bosque andaban
poniendo su temblor entre mis senos.

Corrimos temerosos. No entendíamos.
Cada vez la espalda de mi origen
pedía más la ardiente quemadura...
¡Mis brazos y mis labios! Yo corría
por irme desde mí hasta *su* lecho.

Apenas si la espada vengadora
dejaba un solo ramo ante nosotros.
Las aguas repicaban desveladas;
los nuevos animales conocían
el mundo que yo les desperté.

Igual que la creación: yo había creado
la gloria de seguirla, de crearla
por siempre con lo mismo ya creado.

The beast smiled; I saw its laugh
dressing my nakedness never before naked.
The voice said: «Go. Get out.
Both of you, go from Me. Your sin
will flow between you till one day
you both run dry, exhausted in your children.
The earth will cover you. Look to the dawn,
you who bring forth in sorrow, you the one
wakened from man without wickedness.»
Gliding,
beside me came the serpent.
Spirits of fire wandered the forest,
planting their tremor between my breasts.

Afraid, we ran. We did not understand.
The nature of my origin
demanded more and more the burning itch.
My arms, my lips! I ran
unto his bed to flee myself.

The vindictive sword barely
spared a single branch in front of us.
The awakened waters chimed;
the new-made animals discovered
the world I had aroused for them.
Just like the creation: I had created
the glory of following it, of creating
forever from the previously created.

¡Oh Dios de Ira, cuán severo
que fuiste Tú conmigo! Me arrancaste
del hombre que pusiste entre las fieras.
¿Por qué te sorprendió que le buscara;
por qué tuviste celos de mi lucha
por ir de nuevo a él...?
¡Siempre tus ángeles
blandiendo sus espadas!

Lujuria, Fuego,
en árboles y en puertas que me aúllan.
Cólera rugiente entre tus barbas,
miraste mi creación junto a la tuya...
¡Los seres se fundían unos en otros;
rebosándose desbordadamente,
iban a pedir al cuerpo amigo
el gozo de temblar que me aprendieron!

Podía tremolar su espada el Angel.
Las hierbas crepitar, abatir ramas.
De verdes resplandores el silencio
cubrían los leones y los pájaros.

Mis plantas soportaron que las piedras
no se pisen igual que el Paraíso.
El hombre andaba con dolor de estreno,
con nostalgia feroz, ávido siempre,
a hundírseme en amor... ¡Cuánto pesaba
el hombre sobre mí, sobre la tierra,
sin Dios y con la bestia: los dos juntos!
¿Era inefable el Paraíso?
¿Fue tan bella en su inocencia
la mansa ignorancia de los seres?

Oh God of wrath, how severe
You were with me! You tore me forth
from the man You placed among the wild beasts.
Why were You surprised I looked for him?
Why were You jealous of my struggle
to go back to him again?
Always your angels,
brandishing their swords!

Lust, Fire,
howl at me from trees and doors.
A roaring fury in Your beard,
You looked at my creation and at Yours...
Creatures melting one into another;
overflowing, uncontrollably,
they went forth to seek from the body kind
the trembling pleasure they had learned from me!

The Angel might wave his sword.
Make grass crackle, branches droop.
But lions and birds went on
covering silence in glowing greens.

My feet must suffer treading stones
unlike the stones of Paradise.
The man walked with new-born pain,
with ferocious nostalgia, always avid
to crush me in love... How heavy
that man, on me, on the land,
Godless, the two of us, and with the beast!
Was Paradise ineffable?
Was the docile unawareness of those creatures
so beautiful in its innocence?

También yo fui cual ellos inocente;
después de amarle a él seguía siéndolo.
El Angel y su antorcha me acusaron...

¡Imán, sangre del hombre; me atraía
oírla entre mis labios; su respiro
abríaseme en la boca, flor de dientes
mordida por mi voz en su crecida!
Dios no supo, porque El es todo,
cuánto atrae lo mismo en dos mitades.
Miré hacia mi confín. Con cepos fúlgidos
cerrábanse las selvas: Dios huía.
Y los ojos del hombre me buscaron
con hambre de soñar. Le di mis ojos.

Juntos y malditos, deseándonos,
seguidos por un coro de estertores,
guiados por la bestia esplendorosa
nos fuimos alejando...
Las hogueras
prendidas por la espada como zarzas,
nos dieron otros seres: las dos sombras
que él y yo ganamos padeciendo.

¡Cuánta imperfección se revelaba
delante de mis pasos! Tierras secas,
piedras y más piedras, y más piedras...

¡Amor de mi Jardín, Edén primero
creado para Dios y para el Hombre!
El silbo de sus auras recorría
las frentes que el placer sacó de fruto.

Like them, I, too, was innocent;
after loving him I still was so.
The Angel and his torch accused me...

Magnet, blood of the man; it drew me
to hear it between my lips; his breath
blossomed in my mouth, the flower of his teeth
bitten by my voice in its swelling!
God had no idea, since He is All,
how sameness in two halves attracts.
I looked at my boundaries. With branches sparkling,
the forests closed their ranks. God was in flight.
And the man's eyes searched for me
with dreaming hunger. I gave him my eyes.

Together and damned, desiring each other,
followed by a chorus of rattling breaths,
guided by the splendid beast,
we went away...
The fires
set by the sword, spreading like brambles,
gave us other beings: two shadows
won by us through suffering.

How much imperfection showed itself
before my steps! Parched earth,
stones, and more stones, and more...

Love of my Garden, first Eden,
created for God and for Man!
The breath of its breeze rippled
on brows that were the fruit of pleasure.

NOSTALGIA DEL HOMBRE

Una espada encendida revolviéndose,
defendiéndonos el Arbol de la vida.
¡Angeles no tuvo el de la ciencia,
flanqueando su acceso!

«Acércate, varona» — te dijo la serpiente,
Y te acercaste sumisa.
Dios se paseaba por el Huerto,
al aire de su Día.
Ansias tuvo de mí: «¿Dónde estás tú...?»
¡Desnudo me encontré,
con fruto de tu sed sobre mi carne!
Una espada hay ahora, ¡una lumbre!,
que no nos deja ir... ¿Por qué no ardía
antes que tu voz junto al manzano?

¡Ríos que yo vi sumisos míos,
muy lejos ya de mí, aunque ahora os nombre!
Los cuatro vivos miembros del gran agua
que éramos nosotros por su cauce.
Canté su nombre a todo: aves del cielo,
bestias de los campos, a las flores.
Cayóse el sueño a mí, y ya dormido
te hicieron de mi espalda, mujer mía.
Me buscas y te busco; el hambre tuya
es hambre de ti en mí. Yo te deseo.

The Man's Nostalgia

A whirling flaming sword
guarded the tree of life from us.
The tree of knowledge had no angels
flanking its approach!

«Come to me, fe-male», the serpent said to you.
And, submissive, you came.
God was walking His Orchard,
in the cool of His Day.
Uneasy, He called for me: «Where are you?»
I found myself naked,
with the fruit of your thirst upon my flesh.
Now there is a sword, a flame,
which will not let us go... why did it not burn
before your voice beside the apple tree?

Rivers I once saw, submissively mine,
now are far from me, though now I give them names.
The four living limbs of vast waters
used to be us in the riverbeds.
I sang a name to everything: the birds of the sky,
the beasts of the field, even to the flowers.
A torpor fell upon me, and while I slept
they formed you from my back, oh woman mine.
You look for me and I for you; your hunger
is my hunger for you. I want you.

¡Oh tierra que te aprietas a mis lados:
yo tengo que labrarte, que mullirte,
que soy también de tierra en mi transcurso!
Subiendo están de ti dulces vapores
regándote la faz. Hueles a hembra,
y soy quien te fecunda, prolongándote.

Oh earth, how you press upon my flanks:
I have to till you, turn you over,
for I, too, am of earth, in my passage.
Rising from you, a sweet steam
makes moist your face. You smell female
and it is I who in you plant, prolonging you.

RESPUESTA DE LA MUJER

¿Dios hizo su mundo por hastío
de aquella soledad divina?
Extático el Jardín iba a quedarse,
a solas, porque nadie impulsaría
una voz por el azul sereno puro.
Tú, réplica de Dios, hombre callado:
¿irías a dormirte siempre el sueño
que yo sobresalté, porque Dios quiso
hacerme despertar junto a tu olvido?

Mas ¿y la voluntad del ser creado?
Nacer y respirar, sentirse vivo,
¿no es ya la libertad de querer mucho?

A quererse enseñé hasta a las flores.
Que todos repitieran su criatura
en óleos de alabanzas jubilosas.
Si es que soy tu mal, que me retornen
a tu espalda castigada por mi fuego.

¡Vuélveme a la Nada, Tú, Señor!
Devuélveme a la Nada.
Y haz que el hombre te refleje absorto
en su extática admiración sin lucha.

The Woman's Answer

Did God create His world, bored
with holy solitude?
Alone, the Garden would have been
ecstatic, for no one would have forced
a voice upon the calm, pure blue.
You, replica of God, you silent man.
Would you have gone on sleeping the dream
that I broke in upon because God wished
to wake me at the side of your oblivion?

And furthermore, what of the will of the created being?
To be born, to breathe, to feel oneself alive,
is that asking too much? Am I taking liberties?

I even taught the flowers how to love.
And taught all beings how they might repeat
their creation in chrisms of jubilant praise.
If I am the evil in your life, let me return
to your back, tormented by my fire.

Turn me into Nothingness, oh Lord!
Return me to the Void.
Let man reflect You, man entranced,
in ecstasy, in easy admiration.

¿Hice yo la bestia o los árboles sapientes
de espasmos ajenos a tu poderío?
¿Cómo dejaste nacer a tus contrarios,
enseñarme la carne que se quema alegre
en vítores que un ojo de ofidio presidía
por ofenderte a Ti, el Hacedor del mundo?

Me abandonaste al manzano y la serpiente
cerrando el camino de la vida edénica
con el Angel, que revuelve mil espadas
mordientes con sus lumbres vengadoras.

Sí. Ya sé que moriremos. Lo prefiero.
Morir será volver a tu sustancia.
Dos árboles de Ti: saber, vivir siempre.
Y una bestia y un Angel a sus flancos.
Yo, tu criatura, la más débil,
lo que dentro del sueño Tú infundiste,
luchando con la selva y con las furias.
Descifro tu secreto, y lo prolongo...
¡Tendrás hombres; de hombres océanos,
que mi cuerpo querrá brotarle al mundo!

Eternos, no. Gracias, Jehová. Eternos, no.
¡Que nada apague las lenguas dentellantes
de tus defensas del Arbol de la vida!

Por el abismo seco que ya es nuestro refugio,
llevo con nosotros tus simientes.
Y hombres te daré prietos de jugo
para el bien y el mal que me enseñó la bestia.

Did I make the beast or the trees of knowledge
from spasms alien to Your power?
Why did You let Your enemies be born,
to teach me of a flesh whose joyful triumph
burns, presided over by an ophidian eye
offending You, the Maker of the world?

You left me to the apple tree and to the serpent,
closing the way to the Edenic life
with an Angel whirling a thousand swords
biting with vengeful fires.

Yes. I know, indeed, that we shall die. I prefer it so.
To die will be to turn again into Your essence.
Two trees from You: to know, to live forever.
And a beast and an Angel at their flanks.
And me, Your creature, the weakest one,
infused by You into that dream
fighting the forest and the furies.

I puzzle out Your secret and I pass it on...
You will have men; oceans of men,
that my body will long to gush forth to the world!

Eternal, no. Thank you, Jehovah. Eternal, no.
May nothing extinguish the flickering tongues
defending the Tree of Life!

Through the dry abyss which is now our refuge,
I carry with us Your seed.
And I will give You black-juiced men
for the good and evil Your beast taught me.

CANTO SEGUNDO

SECOND CANTO

PRIMERA NOCHE EN LA TIERRA

Desoladamente
nos ha dejado solos...
No vemos el Jardín de nuestro ocio.
¿Apagóse del fuego la gran rama,
o Dios se la llevó fuera del aire?

Habrá luna. El creaba estrellas,
las que en el agua florecían veloces
buscándome los dedos vegetales.
Habrá su sol.
La líquida corola derramándose
encima de las selvas inholladas
que yo caminaré descalza siempre.

Junto al árbol que lleva doce frutos,
dando uno cada mes, nunca hubo noche.
Ni urgencia de la antorcha ni la brasa.
¡Dios lo alumbra todo! Hizo astros
para nosotros en destierro de sus sies.

Tibias sombras apaciguan las memorias.
Frior de soledad. Ven a mi pecho,
que yo seré tu tierno prado tibio,
y seguro soñarás en mi corteza.

First Night on Earth

Desolate,
He has left us on our own...
We do not see the garden of our ease.
Did the great branch of fire die,
or did God take it with Him to another realm?

There shall be a moon. He created stars,
swiftly blossoming in the water,
searching for my verdant fingers.
There shall be His sun.
Its liquid halo flowing
down upon primordial forests
I will always walk with naked foot.

Around the tree bearing twelve fruits,
one for each month, there is no night.
Nor need for torch or burning coals.
God illumines everything! He has made a heaven of stars
for us, banished from His yeas.

Warm shadows soften our memories.
Coldness of solitude. Come to my breast,
I will be your tender warm meadow,
and, safe, you will sleep in my boughs.

Allá no ululan lobos. Allí lamían dulces
mis pies sobre tomillos aceitosos.
Aquí se encienden ojos y dientes amenazan
mordernos calcañares desgarrados.

Ladran los chacales. ¡Oh las hienas
que lúgubres husmean nuestro sueño!
Toma el paraíso de mi cuerpo:
mis labios son de ascua, mis hogueras
serán lo único vivo de la noche.

Más fuerte que el amor no será el cierzo.
Más dura que tu pecho no es la sombra.
Defiéndete de mí, estoy buscando
olvido de las selvas que no huelo.

¡Noche, cueva negra de la tierra!
Vamos a bebérnosla de un trago
que deje descubiertas las auroras.

There, wolves do not howl. There, they sweetly licked
my feet upon fragrant thyme.
Here, eyes flash and teeth threaten
to tear our heels already torn.

Jackals bark. Oh, the hyenas,
how lugubrious, nosing out our dreams.
Take the paradise of my body:
my lips are of embers, my fire
the only life in this night.

The north wind will not overpower love.
The shadows won't be harder than your breast.
Defend yourself from me, for I am searching
for the oblivion of forests I no longer smell.

Night, dark cave of the earth!
Let us drink it in a single gulp,
laying bare the rising sun.

EVOCACION DE LAS PALABRAS DE DIOS

«Tarde y mañana del día sexto!
Señoreadlo todo: peces de la mar, los pájaros,
toda cuanta hierba da simiente
y está sobre la haz de nuestra tierra.
Todo árbol de fruto con simiente
tenéis para comer.
Y a toda bestia con las del cielo aves,
y aquello que se mueva con su vida,
hierba, verde hierba dulce y fresca,
les será para comer.»
Y a poco,
el maldecir de aquellas dádivas:

«Multiplicaré tus dolores y preñeces,
con dolor parirás los hijos;
a tu marido será tu deseo,
y él se te enseñoreará.
Mas tú, hombre, del árbol no has de comer. Maldita
será la tierra por amor de ti.
Con angustia comerás siempre de ella
cuantos días tengáis por delante.»

Con pieles nos vestiste para echarnos.
¡Oh mi cuerpo desnudo,
tibio ramo de mi cuerpo tan suave!
¡La fuente del placer, rosas mis pechos
cerrándose a la luz, por conocerse!

Evoking God's Words

«The evening and morning of the sixth day!
Rule over everything: the fishes of the sea, the birds,
and every herb-bearing seed
upon the face of the earth.
All trees bearing fruit yielding seeds
You will have for your food.
And for every beast and all the fowl of the skies,
and everything that moves with its own life,
grass, green grass, sweet and fresh
will be theirs to eat.»
And after a while,
the curse of those gifts:

«I will multiply your sorrow and your labors,
in sorrow you shall bring forth children;
and your husband will be your desire,
and he will rule over you.
As for you, man, from the trees you must not eat.
    Damned
will be the earth for your love.
In anguish will you always eat of it,
all the days that lie before you.»

You dressed us up in furs to throw us out.
Oh my naked body,
warm branch of my tender body!
Fountain of pleasure, the roses, my breasts,
closing to the light, to know each other!

«Vete a labrar la tierra, quiero verla
vergel como este mío.
Polvo ella y polvo tú; ¡duele, hombre!
Y sácame los frutos al altar.
Soy tu Dios. Soy tu morada
el día que te olvides de la vida.
¡Vientos, acudid; bramad, las fieras!
El hombre y la mujer están proscritos.»

Si aramos ya tan lejos del Edén,
mis hijos no lo verán, y al fin los cielos
harán suyo el Jardín que se nos cierra.

«Go till the earth, I want to gaze upon
a garden just like Mine.
Dust she is and dust art thou; ache, oh man!
And bring fruit to My altar.
I am your Lord. I am your dwelling place
that day this life is gone from memory.
Winds, come to Me! Wild beasts, roar!
Man and woman are banished by My law.»

If we plow so far from Eden,
my sons will not see it, and in the end the heavens
will make theirs the Garden that is closed to us.

CUMPLIENDO EL TRABAJO

Toda la tierra, sí.
La tierra desnuda y agria
hemos de remover tú y yo, orugas ciegas
del resplandor de Dios.
¡Cuántos años sin fin ante nosotros!
Y la abriremos para vida,
y la abriremos para muerte... Sobre ella
vivos desnudamente hemos de amarnos.
Bajo mi espalda, ¡qué multitud de guijos
se hincan a la carne que me siembras!

Uncidos sin reposo, dos brutos que se esfuerzan
en roturar lo yermo para que siga al hombre
con un gemir de flores que romperán en frutas.
Toda hemos de ararla, toda,
y han de caber las tumbas
entre barbechos negros y predios resonantes.

Me duelen los ijares, mi rostro está reseco.
¡Aquella mi cintura que tú cogiste en vuelo
rechina al ser doblada para poner simiente
en donde tú desgarras el polvo amigo y fin!
Mis senos aún levantan sus sedes a tu boca,
pero padecen ansia cuando rebosan zumo
y el hijo espera hallarlo después que yo he arado
contigo el mundo entero; el mundo inacabable.

¡Oh siglos de labranza, hombre que empiezas
llevándome a tu lado para secar tu frente!
¡Oh maldita de Dios yo: tu oscura hembra
ha de parirte tumbas, los impuros manzanos!

Getting the Job Done

All the earth, yes.
The naked, sour earth
we must remake, you and I, caterpillars blind
to God's resplendence.
So many endless years before us.
And we will open it for life
and we will open it for death... Upon its surface
nakedly alive, we must love one another.
Beneath my back, how many broken stones
are forced into the flesh that you are sowing!

Yoked together, without rest, two brutes struggle
to work the wilderness, that it might follow man
with a moaning of flowers that will burst into fruit.
We must plow the land, all of it,
and there must be room for all the graves
between black fallow fields and resonating grounds.

My loins hurt, my face is parched.
That waist of mine you caught in flight
creaks when bending to receive your seed,
and there you tear apart the friendly dust and— done!
My breasts still lift their thirsts up to your mouth,
but suffer anguish when they overflow with juice
which the son still hopes to find after I have plowed
with you the world entire; world without end.

Oh, centuries of tillage, man, who began
taking me by your side to dry your brow!
Oh, cursed of God! I, your shadowed woman,
must give birth to graves, those filthy apple trees!

LA PRIMERA RECOLECCION

Ten la primera cosecha, Señor; ya ves tu tierra
cómo contesta pronto al sudor que le ofreces.
El hombre se ha extendido sobre tiernas espigas
y yo te doy el misterio de la cumplida siembra.

Me llegan a los pechos; ¡cuántos trigos se aúpan
para esconderme dentro de su muchedumbre!
Es caliente la espiga y su contacto araña:
un larguísimo dedo que desgarra la nube.

Tendrá que ser eterno el germinar, semillas
encerrarán el fruto del alimento parvo.
La reja es una fiera que tu tierra remueve...
¡Cómo aullaban los cardos y espinos, la hierba
al sufrir nuestras hambres!

No quiero las gavillas virginales. Las dejo
al pie de tus arcángeles—que son de mármol rojo—;
vuelvo con tu sol a mis zanjas movidas.

Ya tienes otro hombre que labrará conmigo,
y pronto te daré otra existencia.
Madre de dos hijos, hembra del que hiciste,
arrasarán mi vida porque Tú la has maldito.

The First Harvest

Have the first harvest, Oh Lord; You see Your land,
how quickly it answers the sweat You offer it.
Man has spread himself over Your tender ears of grain
and I give You the mystery of the sown field.

They reach my breasts; how the wheat rises
to hide me in its throng!
The ear of grain is hot and its touch rasps:
a long finger tearing a cloud.

It has to be forever, the germinating, seeds
enclosing the fruit of a meager food.
The plowshare is a beast that churns Your earth...
How the thorns and thistles howled, and the grass,
as we hungered!

I do not want Your virginal sheafs. I leave
them at the feet of Your archangels —scarlet marbled—
I return with Your sun to my furrowed field.

Finally You have another man who will plow with me,
and soon I will give You another life.
Mother of two sons, woman of the one You made,
they will raze my life because You have cursed it.

Trigo y recentales sobre la piedra oscura.
Ofrendas de tu mundo, que no logran tu gracia.
Sonríele al hombre; él no sabe estar solo
y sueña con tu Edén, con tu boca de cedros.

Sólamente yo, sola, he de vivir sin nadie
que sienta como yo. ¡Una mujer, la otra
que doble mi presencia, que descanse mi cuerpo
en su mitad reciente sin Jardín en nostalgia!

Wheat and lambs upon the dark stone.
Offerings from Your world which do not gain Your grace.
Smile on the man: he knows not how to be alone
and dreams of Your Eden, of Your mouth of cedars.

Only I, alone, must live alone, with no one
who feels as I do. Give me a woman, an other
to double my presence and give rest to my body,
recently halved, Edenless, and filled with yearning.

LA PRIMERA FLOR

Esta flor ya fue mía. ¡Pura y tierna campana
que su olor me volcó sobre la espalda húmeda!
La perdí en el Jardín, y me la encuentro ahora
contra mi cuerpo exhausto de trabajar la tierra.
Yo dormía ignorándola y me empujó latiendo
junto al costado seco, mejor que el corazón.
¡Una rosa, la Rosa, que me nace a mí sola
acompañando dulce mi desterrado sueño!

Primer contacto fresco con lo que tuve antes.
Terso perdón que llega con olor arcangélico.
Palabra de sentidos con espíritu intacto
salvada de la hoguera que arrasara al Jardín.
¡Oh la flor del destierro, la que bajo mi carne
es más joven y erguida que en su tallo difícil!
Desgarrando cortezas que hostiles se me oponen
un dardo de perfumes nos clava en llamaradas.

Era el trigo el anhelo, lo que sembramos ávidos.
Recordaron sonrisas por la espiga mis ojos,
y en el pan sollozamos por un hambre calmada
consolando el sudor que ganarlo nos cuesta.
¡Qué regalo es hallarte sin haberte trillado,
sin que la mies te eleve para mi boca joven!
Ociosa vida tuya que magnífica ofreces
sin pedirme que sufra: para gozarte Rosa.

The First Flower

This flower was once mine. Pure and tender bell
whose scent flowed over my soaking back.
I lost it in the garden, but now I find it
beside my body exhausted from working the land.
I was sleeping unaware and it pressed against me,
throbbing at my dry side, better than a heart.
A rose, the Rose, born of me, of me alone,
accompanying with sweetness my exiled dream.

First fresh contact with what I had before.
Soft forgiveness that arrives with archangelic scent.
A word of sense with spirit intact
saved from the fire that leveled the Garden.
Oh, the flower of exile, the one beneath my flesh
is younger and straighter than before, on its standing stem.
Stripping off the hostile bark confronting me
a perfumed dart transfixes us in flaming waves.

The wheat was our longing, avidly sown.
My eyes on the grain remembered smiles,
and over our bread we sob our satisfied hunger,
comforting the sweat that earning it costs us.
What a gift to come upon without the threshing,
you to my young mouth, without the lifting grain!
Your splendid, idle life you offer me,
not asking that I suffer: just enjoy you, Rose.

En tus cien avenidas como anillos de olor
van tomando mis dedos lo que sólo tú eres:
la piel de mis rodillas, de mis hombros la curva,
y de mi vientre el cuenco que te copia redonda.
Fragancia generosa, te asumiré extasiada;
rosa que en frenesí de inesperado júbilo
advienes a mi noche de compactos luceros:
te cambio por el sueño, por el pan, por el agua.

On your hundred avenues like scented rings
my fingers only take what you in essence are:
the skin of my knees, the curve of my shoulders,
and from my womb the bowl that rounding copies you.
Generous fragrance, ecstatic, I accept you;
rose that in a frenzied, unexpected joy,
come to my night of gathered morning stars:
for you I give up sleep and bread and water.

SEQUIA

¡Cuánta sed la mía! Vuelca lluvia frondosa
sobre mi lengua enorme, grande porque es la tierra.
Híncheme los riachuelos, precipítame ramblas...
¡Lluéveme sin desorden! Soy un barro gimiente
que aunque te embeba íntegro te seguirá en acecho.
Es mi sed muy antigua; se confunde contigo
cuando eras con el Fuego una criatura unísona.

Son de incendio mis manos. Echo humo amarillo
que se vuelve violeta al airear su greña.
¡Estas sedes tan rígidas me desucan, estiran
los alaridos roncos del querer anegarse!
Ven. Deshazte en mis labios y aprende
que esta sed que rujo es más fiera que el tigre.
¡Oh tu agua de lluvia; ponla pronto en mi lengua!
Por las gargantas agrias que no tienen resuello
yo te pido que lluevas, que desciendas raudante.

Drought

How thirsty I am! Pour down, luxuriant rain,
on my enormous tongue, great for being the earth.
Swell me my rivulets, fill me my ravines,
Rain down on me without disorder. I am a moaning mud
that soaks you in, entire, yet still will follow you.
My ancient thirst confounds itself with you
who once were one with Fire, a single creature.

My hands are made of flame. I breathe forth yellow smoke
that turns to violet when airing its entangled hair.
These rigid thirsts desiccate me, stretching out
the hoarse howls of one who wishes to be drowned.
Come. Undo yourself on my lips and learn
that this thirst I roar is fiercer than a tiger.
Oh, your rain waters; place them quickly on my tongue!
For the sake of sour throats that cannot breathe
I ask you to rain, to pour, in torrents, down.

HURACAN

Cabellera de Dios hirsuta;
¡viento, anúdate!
Aullante yedra que vuela,
¡arrodíllate!

Quiero que dobles tu lienzo
ante mí, sí; ante Eva,
azotador flagelante
de enervadora corteza.

Purifícate de ira.
Hazte delgado, sañudo,
devastándome la frente
predestinada que huyo.

Brisa tuya sobre mí,
brisa tú, oh viento arbóreo.
No eres Dios; ¿por qué castigas,
arañador de lo hórreo?

Dulcísima vestidura
ciñéndose a mi trasiego...
Céfiro de alondras, lirio
creciendo en mi desconsuelo.

Pulso de estrellas fantasmas,
eternidad delirante.
Viento de la tierra híbrida,
¡dáteme!

Hurricane

The shaggy mane of God;
wind, bind yourself up!
Ivy, howling and flying,
on your knees!

I want you to fold your linen
in front of me, yes; in front of Eve,
you flailing whipper
with your enervating crust.

Cleanse yourself of anger.
Make yourself delicate, brutal,
then destroy this fated brow
I flee.

Your breeze upon me,
oh breeze, oh leafy wind.
You are not God; why do you punish
with your horrid scoring?

Sweet dress
embracing my swaying...
Zephyr of larks, lily
growing in my affliction.

Pulse of ghostly stars,
delirious eternity.
Wind of hybrid earth,
give yourself to me!

NOSTALGIA DE MUJER

Mil años ante Ti son como sueño.
Como de aguas el grosor de una avenida.
Hierba que en la mañana crece,
florece y crece en la mañana
aunque a la tarde es cortada y se seca.

¡Qué es el tiempo ante Ti, qué son los truenos
que blandes contra mí cuando me nombras?
Pavor siento a tu idea, te veo hosco
mirándome en la lumbre de tu Arcángel.
La espada Tú también, eres el filo
y el pomo que se aprieta con el puño.

Para verte a Ti mismo me has nacido.
Por no estar solo con tu omnipotencia.
Soy la nada, soy de tiempo, soy un sueño...
Agua que te fluye, hierba ácida
que cortas sin amor...
     Tú no me quieres.

The Woman's Nostalgia

A thousand years are like a dream to You.
As of waters the breadth of an avenue.
Grass that in the morning grows,
grows and blossoms in the morning
although it's mowed, then shrivels in the afternoon.

What is time when it confronts You, what are those
    thunderbolts
You brandish over me while naming me?
I dread Your vision when I see You frown,
watching me in Your Archangel's splendid light.
The sword is also You, the fine edge You,
and the pommel that is clasped by the fist.

To see Yourself You gave birth to me.
Not to remain alone with Your omnipotence.
I am nothingness, I am of time, I am a dream.
Water flowing from You, an acid grass
You mow, mowing without love...
                      You do not hold me dear.

CANCION AL HIJO PRIMERO

Hijo de la tierra,
te arrojó el Jardín.
Aunque veas sombras
no quieras lucir.

Tu madre era bella,
la secan los vientos.
Tu madre era tierna,
se quema en el yermo.

Tu madre mordía
la flor del manzano,
cuando el hombre puso
tu vida en su mano.

Tu madre sembraba
contigo el centeno,
cuando tú bebías
la leche en su cuenco.

Hijo de la ira
de Dios implacable.
No podrá salvarte
del odio tu madre.

Song for the Firstborn Son

Son of the earth,
the Garden cast you out.
Although you see shadows
do not try to shine.

Your mother was lovely,
she is seared by the wind.
Your mother was tender,
she burns in the desert.

Your mother was biting
the blossom of the apple
when the man placed
your life in her hand.

Your mother planted
fields in rye,
while you were drinking
milk from her breast.

Son of wrath,
of an implacable God.
Your mother cannot
protect you from hate.

No duermas, vigila.
No duermas, despierta.
Te amenaza fría
la heredad desierta.

Te persiguen ojos
sin dulce descanso.
Te aborrece eterna
del Creador la mano.

Las gacelas corren:
correrás tú más.
Los leones saltan:
tú debes saltar.

Los arroyos huyen:
tú tienes que huir.
Aunque yo lo quiera,
¡no puedes dormir!

No duermas, escucha.
No duermas, acecha.
Silbarán las aves
sobre ramas ebrias
para hacerte leve
esta oscura tierra.
Escúchame, hijo:
no duermas, no duermas...

Por todos los siglos,
¡no duermas,
          no duermas!

Do not sleep, you must watch.
Do not sleep, you must wake.
It threatens you, this cold
and desolate domain.

You are chased by eyes
that never rest.
The Creator's hand
hates you forever.

Gazelles run:
you shall run even more.
Lions leap:
you, too, must leap.

Streams flee:
you, too, must flee.
Though I wish you could,
you cannot sleep!

Do not sleep, you must listen
Do not sleep, you must watch.
Birds will sing
on drunken boughs
to lighten this
dark land for you.
Listen, my son:
do not sleep, do not sleep...

Forever and ever,
do not sleep,
             do not sleep!

HABLA DE SUS HIJOS A DIOS

Sé por qué le miras sin amor. A Caín rechazas
por semilla en tu Jardín sin Tú quererlo.
Nació Caín en yermo, pisó caminos agrios,
tomó desde mi vientre rencor, celos de Ti.
Criatura de tu ira, con ira te responde.
Temiendo tu violencia te busca la sonrisa
con frutos de la tierra, ¡a Ti que no la amas
porque es mi gran refugio, a donde traje al hombre!

Caín es la memoria del hálito maléfico
que me sopló la bestia para encolerizarte.
Un hijo que entre aves y zarzas sin espinas
cuajó en mi entraña nueva, en la primera entraña
para el hijo primero que el hombre dió ignorándolo.

No has de quererle Tú. Pero si no le quieres,
Caín será enemigo del que prefieras luego.
Y matará al hombre que, aunque su hermano sea,
alcance de tus ojos un mirar de ternura.

She Talks to God of Her Sons

I know why You cast a loveless eye on him. You turn away
from Cain for being seed sown in Your Garden against
    Your will.
Cain was born in the desert and he trod sour paths,
taking from my very womb a rancor and a jealousy of You.
Creature of Your wrath, with wrath he answers You.
Fearing Your fury, he looks to You for a smile,
with fruits from this earth; to You who do not love it,
this, my shelter, my great refuge, to which I brought the man.

Cain is the memory of the maleficent breath
the beast blew over me to anger You.
A son who, among birds and thornless brambles,
curdled in my new-made bowels, in these first bowels
made for the first-born son that man in ignorance begot.

You need not love him! But if you fail to love him,
Cain shall be the enemy of him You later will prefer.
And he shall kill the man, although he be his brother,
who from Your eyes receives a tender look.

Le olvidas por ser mío, simiente del Edén...
Abel que es de la tierra te gusta, lo conozco.
Es fruto de las noches, que, amigos de la sombra,
el hombre y yo engendramos soñando tu Jardín.
¡Nostálgicos del Río, del resplandor magnífico
que repartía tu rostro, la suma de luceros!

Por ello tú le amas, porque Abel te contiene
en ansias de tu luz que es añoranza eterna.
Caín surgió a tus plantas, caliente de tu boca,
del Arbol que burlaba tu orden de exclusión...
Pero la muerte acecha. ¡Que el preferido llegue
al Arbol de la vida! ¿Requerirás, furtivo,
quitándole a la tierra su criatura
de abrojos y de cuevas, de terrores y luchas
hasta amistar sus ojos con las tardes de sol?

Caín lo sabe todo. Tiene zumos del Arbol
que calentó su brote cuando yo no sabía.
Caín es del Edén; su tristeza le envuelve
más dulce que la piel de cordero que viste.
Conoce que su hermano, el nacido en destierro,
no puede reprocharte que te guardes tu gloria.
El dentro de sus tuétanos contiene sacudidas
que fueron las primeras que iniciaron las razas.

Tú odias a Caín, ¡y mantienes el Angel
alrededor de aquello que a tu Abel salvaría!
Mantienes la justicia que vengará en mis hijos
aquella augusta hora de gorjeos transida,
cuando flotaba el musgo conmigo y con el hombre,
abandonados juntos a la corriente sabia
que sosegadamente nos revelaba todo.

You forgot him, seed of Eden, for he is mine...
Abel, who is of the earth, You like, I know.
He is a fruit of the night the man and I,
friends of the shadows, conceived while dreaming of your
    Garden.
Homesick for the River, for the radiant splendour
spread by Your face, the sum of all the morning stars!
For this You love him, and because in yearning
for Your light, which is eternal longing, he contains You.
Cain came forth at Your feet, hot from Your mouth,
and from the tree that mocked your order of exclusion.
But death lies in wait. Ah, that the preferred one might
    come unto
the Tree of Life! Is this what You, in furtiveness, require,
taking from the earth its creature
of thorns, caves, terrors, and struggles,
until You reconcile his eyes to afternoons of brilliant sun?

Cain knows everything. He has the juices of the Tree
which warmed his bud before I even knew of it.
Cain is from Eden; its sadness surrounds him,
sweeter than the lambskin that he wears.
He knows his brother, born in exile,
cannot reproach You that You keep Your glory to Yourself.
Inside his marrow there are tremblings,
the same that first began our race.

You hate Cain, but keep the Angel
circling round that tree that could redeem Your Abel!
Yours is the justice that will take vengeance on my sons
for that august moment filled with warblings
when the moss was floating with me and the man,
abandoned beside the wise stream
that peacefully showed us everything.

Mazorca, espiga, tronco... Abel es un sembrado.
Caín caza sañudo. Caín devora a solas
mi dolor y el suyo, y el dolor del hombre.
Abel, pastor de nieves, siempre sueña y te busca...
¡Qué blanco pecho el suyo!

...¡Qué frío lleva el cuchillo
Caín en su cintura!

Spike, ear, trunk... Abel is a sown field.
Cain hunts in rage. My pain and his
and the man's pain, too, Cain, alone, devours.
Abel, shepherd of snows, always dreams and looks for You...
How white his breast!

How cold the knife
Cain carries at his side.

LLANTO POR ABEL

Negro cuajar de mi entraña,
agrio aceite de mi llanto.
¡hijo mío, Abel!

¿En qué peñasco te ofrendan;
ante quién te sacrifican,
¡Abel, hijo mío!

No quiero ver al que mata.
Lléveselo la que estira
por el polvo su pecho.

Ardores de mi simiente,
ebrio gemido de júbilo,
¡hijo mío, Abel!

Sin grito muerdo mis labios,
mis pechos retuerzo ronca,
¡Abel, hijo mío!

Aullándote por la noche,
bramando misericordia,
¡hijo mío, Abel!

Lament for Abel

Black curd of my entrails,
sour oil of my weeping.
My son, Abel!

On what crag do they offer you,
to whom are they sacrificing,
Abel, my son!

I do not want to see who kills you.
Take him away, you who drag
your breasts through the dust.

Heat of my seed,
drunken moan of joy,
my son, Abel!

Mute, I bite my lips,
hoarse, I wring my breasts,
Abel, my son!

Howling for you in the night,
roaring for mercy,
my son, Abel!

LAMENTO POR LA MALDICION DE DIOS A CAIN

Toma para ti la tierra: es tu refugio.
Toda la tierra tuya, la que es tu cuerpo.
Terrenal cuerpo encizañado de semillas
que apenas si germinan ya se pudren.

Refúgiate en las cuevas.
Ahonda bajo bosques tu guarida.
Allí donde te metas, verás mi Ojo perseguirte.
Implacable mi gran Ojo duro, sin pestañas:
ojo puro, ojo
que todo lo mirará viéndote siempre.

En pozos que te ocultes, los leones
con hambres que no calman mis ovejas,
querrán hallarte un día y acosarte
con ímpetu de arcángeles rebeldes.

¿Querrías que la sangre de tu hermano
no fluya de tus dedos? ¿Qué gran viento
podrá llevarse el grito degollado?

Mi Ojo nunca duerme. Pupila sin sus párpados
te ve y te verá, anda que anda,
huyendo de mi ira irrestañable.
¡La tierra para ti!

Lamenting God's Curse on Cain

Take for yourself the earth: it is your refuge.
All the earth is yours, your body.
Earthly body poisoned by seeds
which no sooner germinate than rot.

Take refuge in caves.
Dig your den beneath the woods.
Wherever you hide, you will see My hounding Eye.
Implacable, My Eye, huge, hard, lashless;
pure eye, eye
that seeing everything will gaze on you forever.

Though you hide yourself in wells, lions
with a hunger that My sheep cannot assuage
will one day seek you out and harry you
with the violence of revolted angels.

Would you prefer that your brother's blood
not be flowing from your fingers? What great wind
can carry off that decapitated cry?

My Eye never sleeps. The lidless pupil
watches and will watch you, as you walk and walk,
fleeing My implacable wrath.
Go! There is your earth!

Me verás en ojo inmenso; el mundo
para ti todo es mi Ojo.
¡Húyeme, Caín!
Voy a mirarte
por los siglos de mi luz:
                    hasta que ciegues.

Yo sé que hablaste así Tú a mi hijo.
Los dos perdí a la vez, los dos que hube.
Héteme ya sola con el hombre.
Sufrí más que gocé. ¿Qué es la ventura
sino lucha que descuaja mis entrañas?

Se ha hecho de mis frutos horas torvas;
infiernos de mi vientre; virus triste
para la tierna carne nueva...
Ya es vaho que revuelve mis piedades
el día fugitivo en que la gloria
cabía entre nosotros: yo y el hombre.

Derrámame simiente perdonada.
Déjanos, Señor, que te ofrezcamos
hijo que no duela de tu ira.
Quiero ya dormir. Dame tu sueño.
¡Tú tienes tanto sueño en tus mansiones!
Gimiendo las centellas curva el trueno
mi espalda y mi cintura...
Miedo de la tierra,
              ¡tengo miedo!

You will see Me, an enormous eye; all the world
to you will be My Eye.
Flee Me, Cain!
I will be watching you
through the centuries of My light:
                              till you grow blind.

I know You spoke thus to my son.
I lost them both in a single moment, the two I had.
Here I am, alone, with the man.
I have had more pain than pleasure. What is this fortune,
but a struggle tearing up my bowels?

From my fruit grim hours have come;
from my womb a hell, a sad virus
for tender new flesh...
It is a breath that stirs my pity,
that fugitive day when we had room
for glory: I and the man.

Pour forgiven seed on me.
Allow us, Lord, to offer unto You
a son who does not suffer from Your wrath.
I want to sleep. Give me Your sleep.
You have so many sleeps in Your many mansions!
Moaning lightning, the thunder bends
my back, my waist...
Fear of the earth,
                I am afraid!

LA MUJER SUEÑA CON EL EDEN

El Angel se durmió. Su espada ya no arde.
Un reguero de escarchas son los leves rocíos.
¡Correr por las malezas, desparramar los ciervos,
sacudiendo encinares! No se mueven las hojas...
¿Dónde a nuestro Dios hallar, mi amado?

Acerquémonos juntos. No me niegues tu guía.
Consumieron el rastro las nieblas
y no puedo sin ti repasar los umbrales.
¡Qué suspenso está todo! No te acerques al árbol,
un murmullo de llamas es su fruto maldito.

Aquí no tengo hambre, la sed no me fatiga.
Es blando mi pisar, un pájaro delata
que no llevo sus alas, que desgajo la hierba.
¡Ay, qué cantar el suyo! Pájaro del Edén
prolongando una rama en flor que no se mustia.

Nada se consume. Circula Dios por todo;
es su savia y lo nutre de eternidades fluidas.
Arrugas de la carne, escamas de los años,
yo siento que se evaden al respirar aquí.

The Woman Dreams of Eden

The Angel has fallen asleep. His sword no longer burns.
The light dew is a sprinkling of frost.
To run through the brush, to scatter deer,
shattering oak groves! But the leaves are still...
Where can we find our God, my love?

Let us go together. Deny me not your hand.
The fog has eaten up the path
and I cannot, without you, cross again the threshold.
How everything hangs suspended! Do not approach the tree,
a murmur of flames is its cursèd fruit.

Here I am not hungry, nor does thirst exhaust me.
My step is soft, yet a bird denounces me
for not wearing his wings, for trampling the grass.
Oh, what a song he sings! Bird of Eden,
prolonging a branch's bloom that does not fade.

Nothing is consumed. God flows through everything.
He is its sap and feeds it all with fluid eternities.
The wrinkles of the flesh, the scales of age,
as I breathe here, I feel them fall away.

Cuatro aguas de un tronco: son los ríos sagrados
que fertilizan próvidos el Edén que recobro.
¡Oh vosotros los míos, donde bañé mi estatua:
soy la vuestra que vuelve, que deshace su tiempo!
De esta orilla me vuelco, semejante a la lluvia.
¡Tenedme mansamente reflejada!

El agua me sostuvo cuando aquí mantenía
diálogos de luz con mi imagen perfecta.
Las ramas del almendro nunca fueron hermosas
junto al agua que fui por encima del agua.

No huelo como olía: áspero olor mojado
de corza adolescente, de fruta que transpira.
Mi voz partió naranjas, el zumo espeso y ácido
bañaba mis costados sobre la luz madura.

Caballos que pacieron dulces prados de henos
corrían par a mí, sin alcanzarme nunca...
Mis piernas son de sierva, tumefactas se doblan
y de rodillas lloro mi agilidad deshecha.

No es un refugio esto. No será sepultura.
La tierra que hay abajo, de donde vengo hoy,
es la cueva que araña mi corazón ahíto.
Sácame del Edén. Ya no puedo habitarlo.
¡Me pesa tanto el cuerpo, mi amor...!

Four waters from one trunk: they are the sacred rivers
that, provident, fertilize the Eden I recover.
Oh you, my very own, where once I bathed my statue:
I am yours returning, she who unbinds her time!
From this bank I overflow, like rain.
Take me, gently mirrored!

The water held me up as I engaged in
dialogues of light with my perfected image.
The branches of the almond tree beside the river
never were as beautiful as I upon its waters.

I don't smell as once I did: the rough, moist smell
of a young doe, of sweating fruit.
My voice sliced oranges, the thick and acid juices
bathing my flanks in an aging light.

Horses grazing sweet meadows of hay
ran at my side, but never quite reached me...
My legs are of a servant, swollen, bent,
and on my knees I cry for lost agility.

This is not a refuge. Nor will it be a tomb.
The earth that lies below, from where I come today,
is the cave that scratches at my sated heart.
Take me out of Eden. I cannot live here anymore.
I feel so heavy here, my love...!

VISION DE LOS ANGELES

Estándonos tan solos como estamos
y siendo ya la tierra inacabable,
a peregrinar bajan celestes mensajeros,
alados habitantes del Jardín remoto.
Vuelan sobre el campo que roturas,
ondean, y sus túnicas esparcen
viejos olores que llorando bebo.

O se sientan, gigantes, en colinas,
para mirarnos con tristeza lenta...
O se tienden en los bosques, resguardándonos
del sol adusto cuando Dios recuerda.

Hermosos caminantes son los ángeles
que vienen y acompañan nuestro exilio.
Aquéllos de la espada son hostiles,
severos e implacables; y no duermen.
Mas éstos, no; son instrumentos
de elocuencia en el brío de sus alas.
Las brisas que nos mueven, ¡oh cuán dulces;
qué presencia la suya entre la noche!

Vision of Angels

As we are so alone
and the earth so endless,
heavenly messengers, winged inhabitants,
come down to wander from the distant Garden.
They fly above the field you plow,
and as they sway, their tunics scatter
ancient scents I sobbingly drink down.

Either they sit, gigantic, on the hills,
to watch us with a slow sadness...
Or they spread themselves out in the woods
to shield us from the scorching sun when God remembers.

Beautiful travelers, the angelic hosts
who come and give us company in our exile.
Those of the sword are hostile,
severe, implacable; and they do not sleep.
But these, no; they are instruments
of eloquence in the vigor of their wings.
The breezes which move us, oh, how sweet;
what a presence is theirs in the midst of the night!

Miro lo infinito sin arar, con ansia
de verlo todo en flor, y apenas
el pecho se acongoja del esfuerzo,
los ángeles prorrumpen en canciones.
Hombre, míralos; no estamos solos:
ruedas de arcángeles girando
contemplan nuestros días de nostalgia.

¿Qué le cuentan a Dios de lo que hacemos:
el duro trajinar, la oscura lucha
contra la tierra que amanece agria?
¿O qué brotan al fin nuestros sembrados;
que los predios son salmos de fragancia?

¿Qué le decís vosotros, qué lleváis
de nuestra vida a Dios...?

I look at the unplowed infinite, yearning
to see it all in bloom, yet my breast
scarcely grieves from the trial,
and the angels burst into song.
Oh man, look at them; we are not alone:
rows of whirling angels
contemplate our nostalgic days.

What do they tell God of what we do:
the hard chores, the dark fight
against a soil so acid at dawn?
Or that at last our seeded fields are bursting forth,
our farmlands psalms of fragrance?

What do you tell Him, what do you take
of this, our life, to God?

DELANTE DE LA TIERRA TRABAJADA

Descansa.
Ya está sembrada la tierra.
Brotaron las semillas, se quemaron las flores,
y los frutos poblaron de juventud las ramas.
¿Qué importa pararse,
si el umbral es la curva
de una forma inasible?

Allí puse contigo mi mano:
¡vela cómo retalla y se esponja la acacia!
Donde dormimos menos ha crecido un arroyo
para que abreven cielo los castaños nupciales.

Todo sabe a una especie:
las espigas, los granos. Y reptan
esas rojas raíces de emergencia verde.

¿Oyes cómo cantan las aves
que no plantaste tú; y aspiras
el olor de los nardos
que nunca seré yo...?

Y es todo nuestro.
Somos ello nosotros; recuerda
que nacieron los seres radiantes
para ti y para mí, sus señores.

Facing the Worked Land

Rest!
The land is now planted.
Seeds have sprouted, flowers faded,
and fruit have crowded the branches with youth.
What good is it to stop,
if the threshold is the curve
of a form beyond reach?

Out there I lent my hand to you:
Look at the acacia, how it sprouts again and swells!
Where we slept the least a stream has formed
to water nuptial chestnuts with the sky.

Everything tastes of a kind:
the spikes, the seeds. And these red roots
crawl with a green urgency.

Do you hear the singing of those birds
you did not plant; and do you breathe
the odor of the spikenard
that I will never be...?

And it is all ours.
We are they; remember
they were born, these radiant creatures,
for you and me, their lords.

¡Fue en el Paraíso, lo sé! Ya soñaba
hablando de lo bello inmarchitable.
Lo que sembramos se mustia,
aunque renace. *Y aquello*
era y será sin fin presencia.

Arboles, vergeles, una aurora
de hermosas claridades nos prolonga.
Tu brazo sigue ardiente, mi mano vibra.
¡Cuánto hicimos! Descansa.

Si lo colmamos todo;
si consumes la tierra y florece inefable
hasta el pedral inmundo,
¿qué será del trabajo ordenado por Dios?
¡Oh reposo de un siglo
en este respirar a que te fuerzo!

Mira derramar la noche
en el carro repleto de eras...
Escucha resollar la sombra
que se vuelca despacio...
Humareda de nubes se apaga
cercándonos el Jardín.

Tal frescor desemboca a mi espalda,
que me siento delgada la sangre.
Ya la tierra es un trono: la anega
el hervor con que abrimos su pulpa.

¡Aún no; aún no...!
Descansa y contempla conmigo.

It was in Paradise, I know! I was talking
in a dream of undying beauty.
What we plant withers,
although it comes again. *And that*
was and will be without end.

Trees, orchards, a dawn
of splendid clarity prolong us.
Your arm is still ardent, my hand still quivers.
How much we have done! Rest!

    If everything is filled to overflowing;
    if all the land is used and even
    miserable stony wastes bloom ineffable,
    what will happen to the work ordained by God?
    Oh century of respite
    in this breath I force on you.

Look how the night pours over
the cart filled with years...
Listen to the panting shadow
that slowly overflows...
Clouds of smoke disperse,
fencing in the Garden from us.

Such a freshness flows upon my back,
I feel as if my blood were light.
The earth is now a throne: it is flooded
by the fervor with which we cut it to the pulp.

Not yet; not yet...!
Let us rest and ponder together.

CANTO TERCERO

THIRD CANTO

DILUVIO

Allegando tormentas, en gemido las frondas
recorren las doncellas fugitivas.
Los hombres no las siguen, sus aterrados ojos
apuran de la luz el látigo veloz.

¡Cuánto llueve en el mundo! Hasta los peces fluyen
por la tierra musgosa antaño incandescente.
Hay un varón señero con secretos divinos,
que abastece una nave para surcar la lluvia.

Convocadas las aves, con misión la paloma,
se enseñorean de tablas que serán su recinto...
Ya la lluvia se crece; de menuda frecuencia
va tomando robusta corpulencia briosa.

No faltó ni la corza. Han venido caballos;
copiosas mansedumbres obedecen al hombre.
Un jilguero y un oso, un león y su cría,
apacentados juntos en la nave dormitan.

Los jardines, fundidos. Los arenales beben
hasta saciar el ansia que nunca Dios colmara.
Cuando reunidos todos los que el hombre eligió
con la puerta inviolable se clausura el navío.

Deluge

Gathering storms, through moaning fronds
fleeing maidens run.
The men don't follow them; their fearful eyes
gulp down the light's last rapid whip.

How it rains in the world! Even the fish
ooze on mossy land once incandescent.
A solitary man with holy secrets
supplies a ship to plough the rain.

The birds are summoned, the dove, too, with its mission,
and they claim the planks which will make their realm...
And now the rain thickens; from fine drizzle
it grows to brawny, robust roundedness.

Not even the deer is missing. Horses have come,
great with gentleness, obedient to man.
A linnet and a bear, a lion and his cubs,
pastured together, drowse in the ship.

Gardens merge. Arid sands drink
until they drown a yearning never filled by God.
When all selected by the man are gathered,
the inviolable door is shut upon the ship.

¡Oh, qué mano de pétalos descorteza las aguas;
cuántos frutos flotando el raudal incesante!
La cosecha del Génesis ha caído nutrida
bajo la lluvia austera de los cielos hostiles.

Naufragaron los montes. Desvanecidos hielos
deslizándose huyen caminando el Diluvio.
Los que habitan la nave, el seguro prudente,
rezando está a coro, rodeados de bestias.

¡Qué rumores tan broncos junto a las tablas rompen!
Se estremecen los tigres; palpitantes las corzas
temblorosas arriman al poderoso dueño
sus grandes lenguas cálidas de espanto.

¡Es el trueno quien reina, es la lluvia, el relámpago;
es el rayo que muerde; es la muerte del agua
la que reina en el mundo mientras el arca flota
como un astro en el éter, rodeado de niebla.

Mas el hombre ha sentido que un olor inefable
violando su defensa ingresa en el navío.
Huele a tierra que el viento acaricia y remansa...
¡Salta, tú, la paloma, y regresa diciendo
lo que allá de las brumas y las tablas herméticas
va creciendo otra vez, rescatando del llanto!
¡Oh paloma de amor, hembra tú de esta arca,
regresarás con fruto para tu macho noble!

Es olivo, Señor. ¡Brilla el sol en el mundo!
Es olivo caliente, es perdón, es la seca
emergiendo de nuevo, redimida del agua:
con una soledad de aurora primigenia.

Ah, what hand of petals breaks the waters;
how many fruit float in the endless stream!
The harvest of Genesis has fallen, abundant
beneath an austere rain from hostile skies.

Mountains founder. Melting ice,
slipping, sliding, flees the Deluge.
Those within the ship, the prudently secure,
pray in unison, surrounded by the beasts.

What hoarse sounds break upon the boards!
Tigers tremble; panting, shivering does
approach their powerful master,
swollen tongues hot with fear.

It is thunder that reigns, lightning and downpour;
it is the thunderbolt that bites, it is death by water
that reigns in the world while the ark floats
like a star in the ether, surrounded by fog.

But the man now notes an unnameable smell,
that violates its defenses and enters the ship.
It smells of earth, caressed and calmed by the wind...
Go forth, oh dove, and then return
to tell of what is growing once again
beyond the mists and tight-sealed boards,
and rescue it from tears.
Oh dove of love, female of this ark,
you will return with fruit for your noble mate.

An olive branch, oh Lord. The sun shines on the world!
Warm olive, forgiveness, dry land
emerging once again, redeemed from water:
with the solitude of primordial dawn.

¿Qué rueda deslumbrante arquea una mitad
ante los ojos dulces de las veloces ciervas?
Han rugido las fieras que se salvaron, ágiles
para buscar las cuevas de su nueva morada.

De entre la tierra henchida ha sacado Noé
una viña fragante para loar a Dios.
Y me extiendo a su lado, aguardando que beba
y me prodigue el zumo de su embriaguez gozosa.

¿Es que es nueva la vida? ¿Comenzamos ahora
una tierra lavada de impurezas bestiales?
¡Es que es nuevo vivir, y Noé perdonado
dará generaciones ausentes de la culpa!

Ya dormito al costado del arca abandonada.
Van creciendo unas hojas que cubren su ruina.
¡Oh, qué largas trompetas ensalzan el rescoldo;
son los ángeles mismos quienes cantan su gloria!

Desde la arena inmóvil yo contemplo llanuras
de inquietante verdor, suaves y alisadas.
Encendido de flores el cielo crece joven
sobre la seca inmensa que Dios ha perdonado.

What brilliant wheel arcs its half
before the sweet eyes of swift deer?
The beasts, now saved, roar out, quick
to seek the caves of their new dwelling.

From the replenished land, Noah has taken
a fragrant vine to praise the Lord.
And I lie down beside him, waiting till he drinks
and lavishes me with the nectar of his joyful drunkenness.

Is it new, this life? Do we now begin
with a land washed clean of bestial impurities?
It is living that is new, and Noah, the forgiven,
will bring forth generations free of guilt!

I doze at the side of the abandoned ark.
Leaves sprout, covering the ruin.
Oh, what long trumpets extoll these embers;
the angels themselves are singing His glory!

From immovable sands, I gaze upon plains
of disquieting green, gentle and smooth.
Brightened by flowers, the sky grows young
above vast, dry lands God has forgiven.

JUNTO AL MAR

No pastoreas tú el mar. Ni yo lo aro.
Al verlo despertóse en mí la angustia
creyéndolo gemelo de la tierra.
¡El mar no acaba, el mar se crece
y es mar que como cielo oscuro
y tierra delicada de la orilla!

Metiéndome yo en él, ya no soy Eva.
No pienso, no me muevo, me abandono...
Flotándolo me entrego y se me entrega
en un largo tomar que me desangra.
La fuerza que contiene en su sustancia
renace y muere en sí. Es Dios el mar.
¡Es el mar áspero, criatura
de Dios eterna: su morada!

Estaba hecho y sigue así: el mar continuo.
Temí al encontrármelo tendido
que hubiéramos de hendirlo con la reja,
sacándole las flores de su espuma.
¡Y entrándole frenética
me coge con sus ondas que no acaban,
deshace mis cansancios; me adormece!

Beside the Sea

You are not shepherd to the sea. I do not plow it.
When first I saw it, grief awoke in me,
for I believed it replica of land.
But the sea never ends, it grows,
and it is sea that eats dark sky
and the delicate lip of the land!

Going in, I am no longer Eve.
I do not think, I do not move, I just let go...
Floating there, I give myself to it and it to me
in a long possession bleeding me.
The force it holds locked in matter
is there reborn and there it dies. The sea is God's.
The sea is rough, an eternal
creature of God: His dwelling!

Thus was it made and so it goes on: the endless sea.
I was afraid on meeting it stretched forth
that we would have to part it with the plow,
tearing flowers from its foam.
And as I, in a frenzy, enter it,
it catches me with waves that never end,
undoes my weariness, and gentles me to sleep.

Su cuerpo funde el mío, lo levanta
igual que a un fruto vorazmente agasajado.
¡Mar, oh mar, que eres
ardiente barro deshecho!
Tierras para ir no las quisiera.
¡Déjame en el mar,
que me penetre siempre el mar!

Mecida dulce o brutalmente; poseída
o rechazada sin soltarme de sus brazos.
¡Oh mar de Dios, mar desatinado y mío,
mar que abrasas
mi cuerpo avaricioso de tu cuerpo!

Its body melts my body, lifting it
like voraciously welcomed fruit.
Sea, oh sea. You
unmade, burning mud!

I would not want to walk the earth.
Leave me in the sea
that it may enter me forever!

Sweetly rocked or roughly, possessed
or rejected, never fleeing from its arms.
Oh sea of God, sea, violent and mine,
sea that burns
my body so covetous of yours!

IMPRECACION A LA VEJEZ

Peor que morir, hombre, es ser viejo.
Ser viejo y saber; vivir viejo que sabe
que se muere una vez definitiva...
Morir es más sencillo, cerrar carne y espíritu
ante una eterna vida que sigue siendo de otros.
Morir en juventud, tersa espalda y el pecho;
flexible andar y risa, y con la voz repleta
de lumbre ante el amor. No es mala así la muerte.
Sí la vieja vida gastada, desucada, ahíta.
Sí la vieja cara destruida, el curvo vientre fláccido.
Sí las retorcidas figuras de los miembros.
Sí la muerte viva del cuerpo que fue joven.

Arbol de la vida, tu sombra es venenosa,
y mustia a los que aspiran tu perfume.
Altivo te levantas con ramas y con hojas,
te niegas al disfrute del hombre que te sabe
porque ha comido savia frutal del de la ciencia.
¡Te odio, te apostrofo, oh árbol de la vida:
quiero la juventud hasta la muerte!

Peor que la absoluta inmovilidad es secarse.
No sentir el roce tenue de la brisa en los labios.
No sollozar de dicha porque se es joven, y el mundo
canta y se recrea en que soy joven y firme.
¡No quiero la vejez, máscara repugnante, impía,
rostro verdadero del árbol de la ciencia!

A Curse on Old Age

Indeed. Worse than to die is to be old.
To be old and to know; to live an agedness that knows
one must die at last forever...
Dying is simpler, closing up body and soul
in the face of an eternal life that carries on in others.
Dying young, glossy back and chest;
supple walk and laugh, with a voice
fronting love filled with light. It's not so bad dying like that.

But old life, worn down, dried out, fed up.
A ruined old face, a curved, a flaccid womb.
The twisted outline of the limbs.
The living death of a body once young.

Tree of life, your shade is poisonous,
and withers those who breathe your scent.
Arrogant, you rise with leaves and branches,
denying your pleasure to the man who knows you,
having eaten the pap of that other tree's fruit.
I hate you, curse you, tree of life:
I thirst for youth unto the very death!

Worse than total immobility is drying up.
Not to feel the tenuous touch of the breeze on my lips.
Nor to sob with joy for being young, while the world
sings and delights in my firmness, my youth.
I do not want old age, repugnant, impious mask,
true face of the tree of knowledge.

Déjame morir sin saber. Bella, perfumada, fuerte.
Déjame de ti, vida con raíces de salmos,
joven y sana, viva de luz, perfecto amor, y tuya
hasta que sea mía la tierra; mío
el éxtasis de Dios si El hallara su obra
sin vejez hedionda que quita la inocencia
poniendo un rostro odioso de muerta que persiste.

Let me die without knowing. Beautiful, perfumed, strong.
Let me leave you, psalm-rooted life,
young and healthy, alive with light, with perfect love, and yours
until the earth be mine; mine
the ecstasy of God were He to find His work
without the stench of age that, stripping innocence away,
substitutes a loathsome face of lasting death.

LA MUJER NO COMPRENDE

¡Cuántas veces a estéril has condenado mi vientre!
¿Por qué luego que otra, Agar la egipcia pariera,
hiciste que mi entraña doblara su existencia?
¿Por qué Abraham fue cobarde, por qué Isaac fue cobarde?
¿Por qué los dos dijeron: «Es mi hermana», de mí?
¡Ay Señor, cuánto duelo en mi cuerpo permites,
dejándome sufrir sin piedad de mi enojo!

Aquella tarde roja del calor del estío,
cuando acabada el agua Ismael se moría,
¿por qué esperaste tanto la voz del joven hijo
y no oíste la mía, espesa y desolada?
¡Qué grande era el desierto de Beer-Seba el ardiente,
y cuán pronto tu ángel abrió con tu mandato
una fuente de aguas que llenó nuestro odre,
para la sed de tierra que a Ismael recomía!

¿Y en el valle de Mamre, cuando tres mensajeros
vinieron junto a Abraham, por qué, dime, hiciste
que al venir a Sodoma—a la bestia entregada—,
y buscarles los hombres, pues eran tan hermosos,
nadie viera mujeres en amor: sólo hombres
que pedían hambrientos, desdeñándome a mí?

The Woman Does Not Understand

How often have You damned my womb to barrenness!
And why then, in another, Hagar the Egyptian,
did You compel my womb to duplicate?
Why was Abraham a coward and Isaac, too, a coward?
Why is it both did say of me: «She is my sister»?
Oh Lord, how much mourning You allow my body,
leaving me to suffer, never pitying my vexations.

That red-hot afternoon of summer heat,
the water gone and Ishmael near death,
why did You wait so for the young son's voice
and not hear mine, thick and desolate?
How vast the burning desert of Beer-Sheba,
and how swift Your angel at Your order,
calling forth a fountain to fill our wine-skin up,
all for the earthly thirst devouring my Ishmael!

And in the Mamre Valley, when three messengers
came to Abraham, why, tell me, did you plan it so
that when they came to Sodom—abandoned to the beast—
the men there sought them out, they so very beautiful
that no one looked with love at women, only at the men
whom hungrily they called for while disdaining me?

Lot, Señor, me ofrecía: yo era dos hijas suyas
en espera de amar; por salvar los mancebos,
Lot, mi padre, nos daba a los hombres rebeldes...
¡La ceguera cayó sobre ellos entonces,
fulminada de arcángeles que sufrían su ira!

Desde Zoar oímos crepitar dos ciudades,
el azufre y el fuego arrasaban Gomorra.
¡Las llanuras en flor, los rebaños, los hombres,
todos fueron raídos de la tierra horneada!
Dime ahora, Señor: ¿por qué me convertiste
en estatua de sal cuando volví los ojos?
¡Nunca admites, oh Dios, que yo quiera saber!

En las hijas de Lot, que perdió su mujer,
la inquietud de la especie comenzó a rebullir.
Y le dimos del vino porque se adormeciera
y entrara a nuestros cuerpos de vírgenes conscientes.
Los tres varones justos quemaron a los yernos
que desdeñaron agrios nuestro contacto puro.

Unas veces le niegas que me siga a tu hombre.
Otras niegas el hijo a mi cuerpo doliente...
Y hay momentos que baja tu voluntad fecunda
y soy un manantial de hijos que te loan.

Si soy Sarah, perdonas. Si soy Agar, ayudas.
Si la hembra de Lot, no perdonas que mire.
Y me dejas que yazga con un padre embriagado
y no escuchas mi voz, que es un cardo sin flores.

Lot, Lord, offered me: I was his two daughters
awaiting love; to save the youths,
Lot, my father, gave us up to those revolting men...
Then blindness fell upon them,
thundered by archangels who had felt Your wrath.

From Zoar we heard two cities crackling,
as fire and brimstone razed Gomorrah.
The plains in flower, the herds, the men,
all eradicated from the fired land.
Now tell me Lord: why did You turn me
to a pillar of salt when I turned back to look?
You never admit, oh Lord, that I still want to know!

In the daughters of Lot, who lost his wife,
the species' restlessness started to boil.
And we gave him wine so that he would grow drowsy
and enter our bodies, conscious and virginal.
The three just men set the sons-in-law aflame,
those who sourly disdained our purest touch.

There are times that You forbid Your man to follow me.
And other times when You deny my aching flesh its son.
And there are moments when Your fertile will descends
and I become a source of many sons who praise You.

If I am Sarah, You forgive me. If Hagar, You afford me help.
If Lot's wife, You do not forgive my looking back.
And You allow my lying down beside a drunken father
and do not listen to my voice, a thistle without flower.

CANTO CUARTO

FOURTH CANTO

INQUIETUD

¿Qué enmarañados gritos no puedo exhalar, Señor?
¿Qué criaturas germino que no veo nacidas?
¡Oh mi dolor, que huele a romeros floridos!
Nadie sabe mi ser, y soy el mundo redondo.

Salieron de mí las sendas, los oscuros atajos,
para sorber hogueras y para cantar a Dios.
¡Cuántas zarzas royeron los vestidos resecos
de los hombres dolientes caminando la arena!

Y dentro de mi pecho se desploma la sangre
que quiere algo que ignora, pero lo quiere ebria
de querer esto lúcido que no sea el amor.
Esta vida que arrastro desde el latir primero
ya no sirve a mi cuerpo...
                      ¡Yo no sé lo que busco!

Si es que abrieran las selvas su garganta leñosa
y la voz de Dios ancho descendiera a la tierra,
y a mi oreja gritara un mandato vestido
del espeso resuello que me tunde... ¡Desgarran
las ortigas del ansia mi inquietud sin empeño!

¿Qué se fragua en mi entraña, qué simiente confunde
su corteza de sed, su inacabable furia?...

Restlessness

What are these tangled cries, oh Lord, I cannot utter?
Who are these creatures I carry, never to see them born?
Oh, my suffering is like the scent of rosemary in bloom!
No one knows me truly, yet I am the rounded earth.

They came from me, the paths, the obscure short-cuts,
to soak up fire, to sing in praise of God.
How many brambles have gnawed the parched clothes
of suffering men, trudging in the sands!

Within my breast, blood, desiring a thing unknown,
collapses, drunk with desire
for a clarity that may not be love.
This life I've been dragging along since its initial throb
no longer serves my body...
                        I do not know what I am looking for!

If only the forest would open its wooden throat
and the voice of our ample God descend upon the earth,
crying in my ear an order dressed
in a thick breath beating me down... Oh, nettles
of anguish tear my vagrant restlessness!

What is being forged within my bowels, what seed
confounds me further with its thirsty shell, its endless rage?

PRESENTIMIENTO

Sobre el mundo una voz se ha vertido...
¿Quién canta,
quién gime,
quién anuncia a quién?

Sobre la esfera oscura la voz combada,
¿de arcángel,
de prietas aguas,
de vientos en tropel?

Todas las tierras se rasgan bajo la voz,
¿Silban raíces,
corceles brincan,
pájaros al amanecer?

Aterrados vacilan los hombres por la voz.
¿La esperaban,
la temían,
la quieren beber?

¡Una columna de zumos es la voz!
¿Calma la lengua,
la abrasa,
se puede una voz verter?

¡Se amontona en llamadas la Voz!
¡Ay de ti si la huyes!
¡Ay de mí que la oigo!
Busca a la mujer.

Premonition

Over the world, a voice has been poured...
Who sings,
who moans,
who anounces whom?

Over the darkened sphere, a curved voice,
of an archangel,
of black waters,
of chaotic winds?

All lands are torn beneath the voice.
Are roots whistling,
horses frisking,
and the birds, too, at dawn?

Terrified, men falter at the voice.
Were they awaiting it,
afraid of it,
or do they want to drink it down?

The voice is a pillar of sap!
Does it calm the tongue
or burn it;
can a voice be poured?

It mounts in calls, the Voice!
Poor you, if you flee it!
Poor me, for I hear it!
It is searching for the woman.

VOZ DE LA VIEJA EVA AL SENTIRSE EN MARIA

A Ella la llamas *Ave* saludándola.
A mí llamaste *Eva*, que es lo mismo.
El Ave de María es terrenal morada tuya,
y yo fui lanzada de tu Huerto, acá a la tierra.

No perdonaste que engendrara hombre
a la que quitaras Tú del que fraguaste.
Y vienes a posar en cuerpo humano,
en virgen de mi propia descendencia.
¡Salvarnos con tu lumbre, por tu Hijo;
venirte Tú a entendernos, dialogando
por medio de la Voz que depositas
en cuerpo de mujer que es pura siempre!

Ignoras las miserias de los hombres.
Harán en tu Criatura su venganza.
La tierra no se olvida de que es tierra
maldita, como yo, por tu arrebato.
Tu Hijo, otro Abel, será vendido
por quien tu Ojo implacable airado mira.

Ave, Eva. Nombres de mujer en dos Edades.
Presencias de tu Ser. Pero María
jamás pecó, Señor. ¿Por qué la eliges
sufridora del drama sobrehumano?
¡No hay árbol de la ciencia,
no hay árbol de la vida para ella!

Voice of the Old Eve in Mary

To her, in greeting, you call *Ave*.
You called me *Eva*, which is the same.
The *Ave* of *Maria* is Your earthly dwelling,
but I was cast forth from Your Garden down here to earth.

You did not pardon my conceiving man,
I, the one You took from the other You had forged.
And now You come to rest in human form,
inside a virgin, sprung from me.
To save us with Your light and through Your Son;
To understand us now, to talk with us,
through the Voice you carefully deposit
in the body of a woman always pure!

You ignore the misery of human kind.
But they will take revenge upon Your Child.
Earth cannot forget that it is earth,
damned, as I am, through Your rage.
Your Son, another Abel, will be sold
by one Your angry, unforgiving Eye beholds.

Ave, Eva. Names of women in two Ages.
Embodiments of You, Your Being. But Mary
never sinned, Oh Lord. Why is it You choose her
as sufferer of the superhuman act?
There is no tree of knowledge,
there is no tree of life for her!

LA MUJER DIVINIZADA

Soy la virgen. Soy doncella. Soy María.
No supe de varón. Llegado el Angel,
pasóme con su voz al cuerpo intacto
temblor de requeridas cumbres.

¡Hágase el Hijo aquí!

Igual es a un rumor resucitado
que comienza en mi seno dulcemente.
Palabra de Palabra es la engendrada.

Resueno su mandato.
Soy lúcida paloma. Soy campana
y rosa de salud inmarchitable.
Yo, la Elegida.

Jehová me perdonó. Vuelvo a su gracia
pariéndole su Hijo, el Preferido.

The Exalted Woman

I am the virgin. I am the maid. I am Mary.
I had known no man. The Angel came,
and through his voice passed on to me, my untouched body,
tremors of the necessary height.

A Son is given unto you!

It is like a reborn sound
that sweetly in my bosom starts again.
Word of the Word, the engendered One.

I echo His command.
I am a lucid dove. I am a bell,
an imperishable rose of health.
I, the Chosen One.

Jehovah has forgiven me. And I return within His Grace,
delivering the Favored One, His Son.

YA A LOS PIES DE JESUS

Este pozo florece sobre el brocal su agua.
Y este ungüento es ya noble porque toca tu planta.
Déjame que te beba, dale Tú a mi alma
esa agua que surte de tu hermosa garganta.

El olor de mi cuenco poblado de tu aroma
es memoria de Ti, cuya presencia invoca
el nardo que te pide, que de tu piel se toma
la dulce suavidad que unge lo que toca.

Agua y perfume tuyos. ¡Oh Señor del camino!
Pastor y gran labriego del corazón cansino,
al verte y al tocarte yo toda me ilumino
de la aurora redonda de tu verbo divino.

Soy fragante mujer, y peco por amor...
¡Tú lo sabes y hablas conmigo, Tú, Señor!

At the Feet of Jesus

This well blossoms water from its rim.
This ointment touches Your feet and now is noble.
Let me drink You, give my soul
this water spurting from Your lovely throat.

The smell of my bowl filled with Your scent
is the memory of You, whose presence invokes
the spikenard that begs of You, that takes of Your skin,
sweet smoothness that anoints whatever touches it.

Your water and Your fragrance. Oh, Lord of the way!
Shepherd, great farmer of the tired heart,
when I see and touch You, then I shine
in the round dawn of Your divine word.

I am a fragrant woman and sin for love...
You know, and yet You talk to me. You, oh Lord!

EL DOLOR DE MARIA POR SU HIJO

Cansada estoy de ver que sangra sin que nadie
restañe sus fluentes venas rotas por el odio.
No brillan sus cabellos, la risa de sus labios
no es hoy la pura flor que fue. Es todo herida;
piedra negra, lodo duro, cieno en su figura
pugnando hasta la impávida cabeza
de luz encima de la luz.
Pestilente marea humana que no quiere su amor
ferozmente golpea
la carne que es de Dios, que es de lumbre.

Gotean de mis ojos unos cielos que a deshora
conocen acercarse provistos de azucenas
a aquéllos que en sus ciénagas se alojan.

Ahíta de resuellos junto al madero fresco,
no entienden su palabra.
¡Un Hijo del Espíritu de Dios ha de arrastrarse
delante de jaurías que no cejan!

¡Oh Tú, Señor! Soy tan pequeña
que en mí no cabe tu grandeza íntegra.
Defiéndele del Mal, recuérdale: es tuyo.
Hijo de la Tierra por el Cielo que la busca
lavándola sin diluvio: con una fuente única
volcándola al Varón que ha sido Verbo...

The Suffering of Mary Through Her Son

I am weary of watching Him bleed while no one
staunches the flow of His veins, broken by hate.
His hair does not glisten, the laughter on His lips
is no longer today the pure flower it was. He is all wound;
black stone, hard mire, ochre oozing up His body
struggling to reach that undaunted head
of light beyond light.
The pestilent human tide, rejecting His love,
ferociously batters
flesh that is of God, that is of light.

Trickling from my eyes, mistimed bits of heaven
bearing lilies near and know
those other eyes lodged within their swamp.

Filled with heavy breathing round the fresh-cut tree
they do not understand His words.
A Son of God's Spirit must crawl
before wild packs of unrelenting hounds!

Oh Lord, I am so small
Your grandeur cannot find sufficient space in me.
Guard Him from Evil, forget Him not: He is Yours.
Son of the Earth by a Heaven that tries
to wash Earth clean without deluge: with a single fountain,
spilling down the Man who was the Word...

RECORDANDO A JESUS

Era igual que la luz, todo lo revelaba.
Igual que el agua limpia, todo lo redimía.

Su voz partía granadas, aventaba los vientos.
Su voz era de nardos y olía a amanecer.

Las manos de Jesús alumbraban las noches
que llenaban el alma de inquietud y de anhelo.

Sus ojos traspasaban, espadas del Señor
sus ojos eran largos: del cielo hasta mis ojos.

¿Por qué a Jesús clavaron,
por qué lo hemos perdido,
y ya su voz no huele como huelen los rayos?

Jesús era la sangre de que el mundo se hizo.
Todos los hombres juntos cabían en Jesús.

Pasó junto a mi cuerpo, y no supe qué era
hasta que fue el herido de todas las criaturas.

Creció desde la tierra, yendo a clavar su copa
entre las ramas verdes de los luceros vivos.

Cuando cesó su aliento y se quebró su verbo,
un madero crujió por soportar el mundo.

Remembering Jesus

He was like the light, revealing everything.
And, like limpid water, He redeemed all.

His voice split pomegranates, winnowed winds.
His voice of spikenards, smelling of the dawn.

The hands of Jesus lightened the nights
that filled the soul with restlessness and yearning.

His eyes thrust through, swords of the Lord,
His enormous eyes: from heaven to my eyes.

>   Why was Jesus nailed on the cross,
>   why is it we have lost Him,
>   and His voice no longer smells like thunderbolts?

Jesus was the blood from which the world was made.
All men together fit in Jesus.

He passed close to my body and I knew not what He was
until, for all mankind, He was the wounded one.

He grew up from the earth, going to nail his chalice
there among green branches of the living morning-stars.

When His breath stopped and His word was broken,
a tree creaked from the weight of the world.

¡Ay Doncel de mi pozo:
convocaría las aguas
para lavar mis manos que tanta culpa tienen!

¿Puedes, hombre, vivir, aunque Jesús no viva?
¿Dónde hallarle otra vez, para quererle, yo?

¡Cómo vives, ay, hombre; sin recordarle nunca!
¡Eres duro y hostil, a Jesús no encontraste!

Una voz y unos ojos descendidos del Cielo.
Una palabra en ascuas que se nos queda aquí.

Ascendió, le perdimos, y tú no le recuerdas;
y yo nunca le olvido porque le supe eterno.

¿Quien podría olvidar al que llovió su verbo
sobre la grey podrida,
sobre la turbia sangre?

Oh Pure Youth of my well:
I would summon forth the waters
to wash my hands so stained with guilt.

Oh man, can you live on, though Jesus lives no more?
Where can I find Him now, to love Him once again?

How can you live on, and never think of Him?
You are hard and cruel, and you never found Jesus.

A voice and eyes that descended from Heaven.
A word in embers that remains here with us.

He ascended, we lost Him, and you do not remember:
But I never forget, for I knew Him eternal.

Who could forget the One who rained His word
upon the rotten flock,
upon our muddied blood?

PRESENCIA DEL ALMA

No basta que me quieras, que me cojas tuya
en un ramo granado de ardor que siempre acude
al zumo que tu beso en mis entrañas hinca.
No basta nada nunca, parece que el desierto
lo invade todo ardiente de zarzas crujidoras.
Yo lavo el suelo espeso con llanto que sacude
raíces de mi pelo sujetas a las nubes.

Apenas hace siglos que tú, y yo, desnudos,
estábamos cantando loores; que las selvas
danzaban sus criaturas de ramas y de silbos.
Los cielos eran tiernos: en humo que se hería
sangrándose por nieblas si yo los desgarraba.
Tú ibas fuerte y bello: ¡qué hermoso, amor, que eras
el más veloz amante que soñara una corza!
Yo he sido tan hermosa, tan digna de tus brazos,
que nunca comprendimos quién acababa en quién.

Presence of the Soul

It's not enough, your wanting me, your taking me
like a branch blossoming with an ardor that always responds
to the juice your kiss thrusts into my bowels.
Nothing is ever enough, it seems the desert
is invading everywhere, hot with the crackling of brambles.
I wash the heavy earth with weeping that shakes
the roots of my hair bound to the clouds.

Just a few centuries ago, you and I, naked,
were singing praises; the forest danced
its creatures of branches and songs.
The skies were tender: when I tore them
smoke bled, wounded by fog.
You were strong and handsome: how beautiful, my love, you
    were,
the fleetest lover a doe could dream.
I was so beautiful, so worthy of your arms
we never understood who was ending in whom.

Y no es bastante amarse. No basta que tu boca
pronunciara mi piel en mil rudos acordes.
¿De dónde habrá venido esta mujer de niebla
que nadie ve ni tacta; ese tú que se evade
de ti corpóreo y tenso...? Otros nuestros tan leves
que no pesan ni el aire. Nuestrs almas, ¡ay hombre!
Nuestras dos almas juntas, que se aman furiosas
y se claman en lucha,
y las sombras descuajan,
para no verse nunca, porque no pueden verse.
Hombre y mujer de humo, de ilusión dos semblantes
que sólo Dios conoce porque es suyo el hacer.

¡Qué fragor este nuevo a que tira la sangre!
Sin aplacar deseos, sin olvidar torturas,
¡otro dolor nos cae del Edén tan negado:
dos imágenes nuestras que ni siquiera vemos!

Allá en el Jardín, ¿tú recuerdas tu alma?
Cuando sembramos solos, ¿tú me viste la mía?
Y así que descansamos en los mármoles tiernos,
después del culto horrendo a la muerte, ¿recuerdas
si apareció mi alma por el mar o la arcilla?

No la he sentido nunca. Ni la tuya ha venido
a conmover mis brazos jamás antes de hoy.
Llevábamos dos almas sin estremecernos, lisas,
iguales a dos aguas que resbalan durmiendo.

Ahora nos sacuden más fuertes que los besos,
que tus torrentes cósmicos, que tu engendrar de hombres.
Dos almas entre nieblas halladas de improviso
cuando quieren brotarnos, apoderarse férreas
de los cuerpos amados que apacentamos juntos.

And it is not enough to love each other. Nor enough that your
    mouth
pronounce my skin with a thousand vulgar chords.
From where has she come, this woman of mist
whom no one can see or touch; and this *you* that flees
from you, corporeal and tense...? Other selves
so light they cannot weigh the air. Our souls, my mate,
our two souls together, that furiously love
and claim one another in battle.
And the shadows disperse
in order not to see, because they cannot see, each other.
Man and woman of smoke, two faces of illusion,
that only God can know, for His was the making.

How new this uproar the blood calls forth!
Without forgetting agony, without appeasing lust,
another pain now falls on us from our far banished Eden:
two images of us we cannot even see!

Do you recall your soul back there in Paradise?
When alone we sowed the soil there, did you see mine?
Now, as we rest on tender marble
beyond the dreadful rituals of death, can you remember
if my soul appeared beside the sea or in the clay?

I have never felt it. Nor did yours ever come
to stir my arms until today.
Without a tremor, we bore two souls, smooth,
like two waters gliding sleepily.

Now they shake us, stronger than kisses,
than your cosmic torrents, than your begetting of men.
Two souls in the fog, suddenly discovered
wishing to burst forth, to take iron possession
of our beloved bodies pastured together.

Fluidas y olorosas, augustas almas nuestras
ajenas a la tierra, deseando dejarla.
Yo tengo que cogerme a la mía y me lleva
en pos de ti y la tuya, levantándome en vuelo.

Me zumba su misterio, no abarco lo que traen,
lo que llevaron dentro de su ciego callar.
¡El alma que me embriaga quiere irse contigo,
arrebatar la tuya y ascender al Jardín!

Son dos hallazgos trémulos, dos palomas en cría.
Son dos espejos cándidos, dos arroyos extáticos
que Dios ha sacudido para verse dos veces.

Nuestras dos almas, hombre. No les basta el amor
que desterró el Edén hace siglos de sueño.
Ellas quieren...; ¿qué te pide la tuya
que la mía no para de golpearse dentro
de mi corazón harto de contenerla ardiente?

Ya querernos no calma. No nos colma arrojarnos
al asperísimo y bronco trabajar de la carne.
Ellas sueñan, almas tiernas de vida
que acaban de brotarse, de saberse, gritándonos
su derecho a ser dueñas de nuestros dos alientos.

Fluid and fragrant, our majestic souls,
alien to the earth, wanting to leave it.
I have to cling to mine and it carries me
after you and yours, taking me in flight.

Their mystery buzzes at me, but what they bring,
what they carry within their blind silence, I cannot embrace.
The soul which makes me drunk wants to go away with you,
snatch up your soul and ascend to the Garden!

They are two tremulous discoveries, two growing doves.
They are two candid mirrors, two ecstatic streams
that God has shaken so as to see Himself twice.

Our two souls, my mate. For them it's not enough, this love
banished by Eden centuries of dreams ago.
They want... what is yours asking of you,
while mine never ceases to pound within
my heart, so weary of holding in its heat?

Loving each other no longer brings us calm. It does not fill us
to throw ourselves into the roughest, coarsest work of flesh.
Tender for life, souls that have just burst forth
dream of knowing themselves, shouting at us
their right to be masters of our two breaths.

PLEGARIA

Dispones que tus susurros lleguen
a distanciadas memorias.
Estoy más cerca que las montañas,
que los árboles que te buscan,
unida al cielo por istmos de angustia,
y no te oigo venir.

Cuando los huracanes pulsan
largos penachos de selvas,
yo escucho cómo caminan.
Y jadeando pavura por el viento negro,
víctima de su opaca furia,
llamando al que lo creó.

Te hablo con una voz mate,
cortada de la angostura
que es mi amarga verdad.
Soy leño para las lumbres todas,
débil piedra que las hachas quiebran,
pero te amo, Dios mío.

Tengo tu amor entre mis hombros,
una carga de amor sufriente
que abrasar aspira, lo sabes.
¡Oh qué hoguera en tus montes soberbios
la que enciende mi lumbre arrebatada
por Ti y por tu voz!

Prayer

You plan it so your whisperings
reach back to distant memories.
I am closer than the mountains,
than the trees in search of You,
for an anguished isthmus binds me to heaven,
and I do not hear you come.

When hurricanes thrum
on the jungle's vast fronds,
I listen as they walk.
Panting fear in the black wind,
victim of the wind's dark rage,
I call on Him, its Creator.

I speak to You with a tarnished voice,
cut from the narrowness
that is my bitter truth.
I am wood for all fires,
weak stone that breaks beneath the ax,
but, oh my Lord, I love You.

I carry Your love between my shoulder blades,
a load of suffering love
that longs, You know, to burn.
Oh, what a blaze on Your majestic mountaintops
that kindles my own fire, enraptured
by You and Your voice!

Acércate sin arcángeles,
no adelantes presencia a mis ojos,
ven contigo sólo. Visítame.
Tu gran cuerpo incandescente y fúlgido
llameará conmigo sobre tus bosques libres,
incorporándome a Ti.

Come close to me without angelic hosts,
do not place a presence before my eyes,
but come with Yourself alone. And visit me.
Your body incandescent, fulgent, vast,
will flame with me above free forests, Yours,
consuming me in You.

HORROR A LA BESTIA

¿Por qué supe de ti, oh bestia impura?
¿Acaso te salvaste del oscuro silencio
llevándote conmigo por las quemantes tierras
que Dios nos destinara en su arrebato?

Esclavos nos hiciste y te quedaste esclava.
Ya nos sacude todo con idéntico brío.
¡Los huesos silban mayos en un celo
que el alma sufre inmóvil!

El alma, sí. Va siendo mía.
La llevo sobre mí, ella me unge.
Soy charca de su luz. La quemo toda.
Pero te odio a ti, que eres la brasa.

¡Tener un Paraíso sin saberlo!
Ser dueña de la paz, sin conocerla.
Tan nueva mi raíz, que la quebraste
lamiendo sus cabellos.

Royéndonos está, y te roemos.
La lucha es para mí, que te conozco.
Que te he traído aquí, que me gobiernas.
¡Oh alma de mi cuerpo, alma mía
que Dios me deja ya poblarme toda!

Te domará mi vida, te domará mi muerte,
maldita bestia dulce, embriagadora loca
que muerdes mis entrañas, tu manzana fragante.

Horror of the Beast

Why did I come to know you, impure beast?
Did you save yourself, perhaps, from murky silence
as I bore you with me through burning lands
destined for us by God in His rage?

You made slaves of us and you remained a slave.
Now we quiver at everything with an identical urge.
Bones whistle Maytime in a fervor
that the soul, unmoving, suffers.

The soul, ah yes. Becoming mine.
I carry it upon me, it anoints me,
I am the pool of its light. And I consume it.
But you who are the glowing coal, you I hate.

To have a Paradise and not to know it!
To be mistress of the peace, quite unaware.
My root so new you broke it
just licking its hairs.

You gnaw at us, we gnaw at you.
This fight is mine, for indeed I know you.
For I have brought you here, and here you master me.
Oh, soul of my body, soul
which God allows to fill my being!

My life will tame you, my death will tame you,
oh cursed sweet beast, intoxicating madness,
biting at my bowels, your fragrant apple!

CONTEMPLACION

Desnuda la noche estalla
prietos ramos de luceros.
Junto a mis sienes relucen
relámpagos de silencio.
No tempestades, no lluvia:
pastora del firmamento
lloro porque desterrada,
ante los álamos secos
que un terremoto de nubes
va convirtiendo en espectros.

Clamores, piras de brisas,
arroyos se desperezan
y ecos de frondas sacuden
madejas de primavera.

¡Cuánta noche me cobija
estos ojos derramados!
Bocas de insectos devoran
la carne tibia del campo,
mientras mi cuerpo se sueña
inextinguible y callado
cuerpo de la eternidad,
dulcísimo olor cercano.
Y la luz se eleva queda
enalteciéndose en arco.

Contemplation

Naked, the night bursts
dark bouquets of morning stars.
Close to my temples
lightning bolts of silence glow.
No storms, no rain:
shepherdess of the firmament,
in my exile I cry
before parched poplars
that an earthquake of clouds
converts into ghosts.

Cries, shouts, pyres of wind;
streams stretch themselves
and echoes of fronds shake
skeins of spring.

How night gives shelter to
my spilled, spent eyes!
Insect mouths devour
the warm flesh of the fields,
while my body dreams itself
imperishable, a silent
body of eternity,
smell most sweet, so close.
And the still light rises,
an arc arching its praise.

¡Quién subiera hasta la noche
con la noche rodeada
al cuerpo en túnica fresca!

El alma tierna que hube
se ha consumido en pavesa.

Who could climb up to the night
with night wrapping round
her body a fresh gown!

The tender soul that once I had
is now reduced to embers.

VISION

Como saco de cilicio el sol de negro.
Los ángeles con trueno en sus bocas.
Los caballos derramando destrucciones.
De muchas aguas con ruido tu gran Voz.

Juan me ha visto...
¡siempre perseguida por la bestia!
Con la tierra separada en dos mitades
sorbiendo el río que corría tras de mí.

No he dañado ni al vino ni al aceite.
Y por tibia nunca habrás de vomitarme.
¡Que el dragón se corroa con su fuego,
y los ángeles rujan sus trompetas!

Juan me ha visto...
¡Ay de los muertos, Primogénito:
ayúdame a escapar!

Vision

Like a hair-cloth sack, the black sun.
Angels with thunderbolts in their mouths.
Horses pouring down destruction.
Your great Voice, vast, resounding waters.

John has seen me...
always shadowed by the beast.
With the earth divided in two halves
sucking up the river that was running after me.

I have done no harm to the wine or the oil.
As for being lukewarm, You will never have to vomit me.
Oh, that the dragon may corrode in its own fire,
and the angels roar their trumpets!

John has seen me...
Alas for the dead. Oh, First-born,
help me to escape!

CANTO QUINTO

FIFTH CANTO

MEDITANDO LA MUJER, AHORA

Esta corriente oscura atravesando mi cuerpo
no pasará a otros seres, es sólamente mía:
la nazco yo, la broto: espesa sombra dura
que acabaré yo siendo, fundida ya con ella.

Otras veces ha sido resplandeciente ascua
iluminando a todos: luz de lumbre perfecta.
Los seres que mataron, hechos carne podrida,
oscuros de metralla, reventados en niebla,
han legado a mi tiempo de vida
este horror de su sombra purulenta y nefasta.
Apagóse mi risa, me fundieron la estrella,
y ahora soy la muerte que los contiene muertos.

En provincias de mí viven ramas de fiebre,
y en aquellos contactos que imagino, crepitan.
¡Oh, qué triste me siento la juventud en rezago,
al mirar a esos hombres que murieron conmigo!

Yo no quiero gozar. No podría embriagarme
con mis brazos aún tersos y mis hombros redondos,
ni con estas rodillas de belleza segura
que me aferran la sangre, cuando quiero saltar
porque me asusto, débil, al admitirme viva
y capaz de reír mientras lloran los hijos
de esas mujeres muertas, cuyos huesos blanquean
entre los sucios campos de las guerras cobardes.

Now the Woman Meditates

This dark stream running through my body
will not flow on to others, it is mine alone:
I give it birth, I gush it forth: a shadow, thick and hard
that I will end up merging with and being.

At other times I've been a shining ember
illuminating everyone: a light of perfect clarity.
Those who have killed, turned to rotten flesh,
to the darkness of lead, who have burst into fog,
have bequeathed to my moment of life
this horror of their shadow, purulent and ominous.
My laugh stops short, my star melts,
and now I am the dead one holding them, the dead.

In my body's provinces branches of fever live,
and they crackle as I dream their touch.
How sad it feels, my straggling youth,
as I watch those men who died with me!

Joy I do not want. I couldn't get drunk,
not with these arms still smooth, these shoulders still round,
nor with these knees of assured beauty
that clasp my blood when I want to leap
because I fear, because I'm weak, admitting to myself that I,
    alive,
can laugh while children weep,
children of women whose bones bleach
on the filthy fields of cowardly wars.

¡Quién pudiera soñar hasta crear la escala
que enlazara contigo, Tú, el Señor de mis sueños:
y descendiera el ángel que en batalla dormida
me desangrara el hambre de verte que padezco!

Esta negra morada de tu creación me pesa,
porque no la dominan mi juventud, mi ardor.
Asomada a la fuerza de los que nada saben
y se mueven a oscuras, yo deliro mi angustia.
Y te llamo, callada, por las enormes fuentes
de tu garganta abierta en mi pecho sin jugo.
¡Llévame de la sombra, húrtame de mi sino!
¡Ay Señor de la muerte: sácame de tu boca!

Mirada desde arriba, ¿qué bulto es la muerte?
¿Qué la agilidad del cuerpo en movimiento?
Esta prisa de amar y de odiar, ¿qué levantan
sobre la sucia y llana, sobre la impura tierra?

El correr por coger, el asir desmedido;
esta hidrópica ansia de tener los futuros
agusanados cuerpos que olerán a su podre,
¿qué dirán, desde arriba, al que sereno mire?

Mi sonrisa y mi llanto, el gritar, la blasfemia,
este negruzco hilo de la poesía inútil...
¿Para qué se producen, para quién yo la mano
enterada que estoy de mi muerte absoluta?

... ¡Pero tu Reino augusto me tienta, me enloquece!
¡El soñar que mis ramas acarician tus nubes
y una palabra célica misericordia irradie
al caer sobre el fango, limpiándome con fuego!

Who could so dream as to create the ladder
which would link me to You, Lord of my dreams,
and allow the angel to descend and bleed away,
in tranquil battle, the hunger I suffer to see You!

This bleak dwelling You created weighs me down,
for my youth and fervor cannot master it.
Fronting the force of those who know nothing
and move in the dark, I rant my anguish.
And, silent, I call You, with the great fountains
of Your open throat in my juiceless breast.
Save me from the shadow, steal me from my fate!
Oh, Lord of death: take me from Your mouth!

Seen from above, what sort of bundle is death?
What is the agility of the body in motion?
This urgency to love and hate, what does it erect,
upon the filthy and the flat, upon the impure earth?

Rushing to grab, wildly clutching—
this insatiable desire for future
wormy bodies that will stink of rottenness:
what will they say, from above, to whoever calmly watches?

My smile and my tears, the scream, the blasphemy,
this dark thread of useless poetry...
For whom is it created, for whom do I flow,
aware as I am of my absolute death?

... But Your stately Kingdom tempts me, drives me mad!
The dream that my branches caress Your clouds
and a heavenly word irradiates mercy,
dripping down upon the mud, cleansing me with fire!

Desde arriba, tan alto, ¿cómo podré ser vista?
Es mejor que resigne mi ambición a la tierra.
... ¡Oh, que quiero saltarla y saltarme, volarte
siendo más que tu polvo: el viento y tu relámpago!

From so high above, how could I be seen?
It is better to limit my ambitions to the earth.
... Oh, to overleap it and myself, to fly from You,
becoming more than just Your dust: to be Your lightning and
   the wind!

SUPLICA FINAL DE LA MUJER

Señor, ¿Tú no perdonas? Si perdonara tu olvido
ya no pariría tantos hombres con odio,
ni seguiría arando cada día más estrechas
las sendas de los trigos entre zanjas de sangre.
La fuente de mi parto no se restaña nunca.
Yo llevo las entrañas por raíces de siglos,
y ellos me las cogen, las hunden, las levantan
para tirarlas siempre a las fosas del llanto.

Señor, mi Dios, un día creí que Tú eras mío
porque bajaste a mí alumbrando mi carne
con el alma que allá, al sacarme del hombre,
metiste entre mis huesos con tu soplo de aurora.

Mas, ¿no perdonas Tú? Y no es gozo el que tuve
después del gozo inmenso en el Jardín robado.
Me sigues en la tierra, retorciendo mis pechos
con labios de criaturas, con dientes demoníacos.
No hay lecho que me guarde, ¡ni de tierra siquiera!
Los muertos me sepultan, y obligada a vivir
aparto sus plomadas y vuelvo a dar la vida.

¡Oh tu castigo eterno, tu maldición perenne:
brotar y aniquilarme lo que broto a la fuerza,
porque un día yo quise que el hombre por Ti hecho
repitiera en mi cuerpo su estatua, tu Figura!

The Woman's Final Supplication

Lord, don't You forgive? If Your forgetfulness would just
    forgive,
I would not bear so many men with hate,
nor go on plowing narrower each day
the paths of wheat between furrows of blood.
The fountain of my childbirth is never staunched.
The bowels I bear are rooted in the centuries
and they take them from me, plunging in and lifting forth
to cast them always down to tombs of tears.

My Lord, my God, one day I thought You mine,
for You came down to me, kindling my flesh
with a soul which, when You took me out of man,
You placed among my bones with Your breath of dawn.

And even so, You don't forgive? It's no pleasure,
the one I had after the great pleasure in the stolen Garden.
You follow me throughout the earth, wringing my breasts
with little creatures' lips, with devilish teeth.
There is no bed to hold me, not even one of earth!
The dead bury me, but, forced to live, I put aside
their weight and rise to bring forth life again.

Oh, Your eternal punishment, Your perpetuating curse:
to bring forth and destroy what I, compelled, bring forth,
because one day I wished that the man created by You
might repeat in my body his statue, Your Image!

¿Sembrando he de seguir, pariéndote más hombres
para que todos maten y escupan mis entrañas
que cubren con el mundo los cielos, tus estrellas,
y hasta el manto de brisas con que Tú paseabas
por tu Jardín soñado, cuando yo era suya?

¿Por qué me visitaste, Señor? ¿Por qué tu Espíritu
entróse a mi angostura dejándome tu Hijo?
¿Por qué te lo llevaste a aquella horrible cueva
que el odio de los hombres le abriera como tumba?
¡Oh! ¿No perdonas, Dios? Pues sigue tu mirada
teniéndome presente: joven, bella e impía
delante de tus árboles, que yo ya ni recuerdo...

Pues soy vieja, Señor. ¿No escuchas cuánto lloro
cuando el hombre, dormido, me vuelca su simiente
porque Tú se lo ordenas sin piedad de mi duelo?
¿No ves mi carne seca, mi vientre desgarrado;
no escuchas que te llamo por bocas estalladas,
por los abiertos pechos de niños, de mujeres?...
¡En nada te ofendieron, sino en nacer!
Soy yo la que Tú olvidas, y a ellos los devastas;
me obligas a que siga el lúbrico mandato
de aquella bestia horrible nacida en contra mía.
Tan vieja soy y labro. Tan vieja y cubro muertos.
No estéril porque quieres que sufra mi delirio
de un solo día hermoso del que guardo el aroma.
Ni Tú, Señor, lo olvidas. Que por ello me quejo.

Must I continue seeding, bearing more men for You,
that they may kill and spit upon my womb
that covers with the world the heavens, Your stars,
and even the cloak of breezes with which You walked
Your dream Garden, when I was his?

Why did You visit me, Oh Lord? Why did Your spirit
penetrate my narrowness, leaving me Your Son?
Why did you lead Him to that awful cave
which mankind's hatred opened as His tomb?
Do You never, Lord, forgive? For Your gaze follows me,
keeping me present: young, beautiful, and impious
before Your trees which I can't even remember...

For I am old, Lord. Don't You hear me cry
when the man, asleep, spills in me his seed
because You order him to do so without pity for my mourning?
Don't You see my parched flesh, my torn womb;
don't You listen when I call You from shattered mouths,
from the open chests of children and of women?
They offended You in nothing but in being born!
It is I whom You forget and they whom You destroy,
as You force me to follow the salacious orders
of that horrible beast, born against my will.
I am so old and yet I plow. So old and yet I cover the dead.
Never barren, for You want me to suffer for the delirium
of a single beautiful day whose aroma I preserve.
You, too, do not forget it, Lord. And that's why I complain.

Soy madre de los muertos. De los que matan, madre.
Madre de Ti seré si no acabas conmigo.
Vuélveme ya de polvo. Duérmeme. Hunde toda
la espada de la llama que me echó del Edén,
abrasándome el cuerpo que te pide descanso.
¡Haz conmigo una fosa, una sola, la última,
donde quepamos todos los que aquí te clamamos!

Yo nunca fui dichosa con la bestia maldita,
y siempre te soñé entre tus árboles cándidos.
Con tus coros de cisnes, de almendrales floridos.
y aquel olor de lirios derramándose.

Tan vieja..., tan cansada... Espuelas que me rajan
son las piernas del hombre. Líbrame de ese yugo.
No puedo amarle más ni enterrarle. No cabe
ni yacente ni vivo sobre la tierra negra.
Porque Tú perdonaras, porque al fin olvidaras.
¿Quién si Tú eres Todo, de no ser Tú podría
darte un Paraíso por el perdón que te pido?

I am mother of the dead. Mother, too, of those who kill.
And I will be Your Mother if You do not destroy me.
Turn me once again to dust. Put me to sleep. Thrust into me
the flaming sword that threw me out of Eden
and sear my body begging You for rest.
Make of me a grave, a single one, the last,
where all will fit who here cry out for You.

I was never happy with that damned beast
and I always dream of You between Your guileless trees,
with Your choirs of swans, almonds in blossom,
and the scent of lilies spilling through the air.

So old..., so tired... Spurs that slash me
are the legs of man. Free me from this yoke.
I can no longer love or bury him. There is no room for him,
neither prone, nor alive upon this blackened earth.
That You might forgive, that You might, in the end, forget.
If You are All, who, not being You, could
give you Paradise for the pardon that I beg?

www.ingramcontent.com/pod-product-compliance
Lightning Source LLC
Chambersburg PA
CBHW050639300426
44112CB00012B/1863